Arduino Suzzi

SUI NOMI DIVINI

PASSI SCELTI DALLE *ORIGINI HEBRAICHE DELLE TRE LINGUE* E DAGLI SCRITTI ESOTERICI

A CURA DI
MATTEO VERONESI

Firenze
Edizioni **CLORI**
MMXX

Studi storici, filologici e letterari

La collana *Studi storici, filologici e letterari* pubblica – in formato *ebook*, secondo i principi del *gold open access*, e cartaceo – saggi, edizioni e monografie di ambito storico e filologico-letterario. La collana dispone di comitato scientifico internazionale. Le proposte di pubblicazione sono sottoposte a *double blind peer review*. Tutte le opere della collana sono disponibili al *download* gratuito sulla *home page* dell'editore, a cui si rimanda per ogni informazione.
http://www.edizioniclori.it

Edizioni CLORI

ISBN 978-88-942416-7-9

In copertina: Antonio Joli, ritratto di Arduino Suzzi, Iconoteca degli Illustri Imolesi, Biblioteca Comunale di Imola.

Indice

Incontrare Arduino Suzzi oggi per mezzo del suo scritto è come viaggiare nel tempo, anziché nello spazio; è un'occasione per capire meglio un presente nel quale siamo esposti come mai in passato, ed ancor più lo saremo in futuro, alle lingue straniere ed alla presenza dello straniero.

La valutazione se questo sforzo di Arduino per trovare una comune origine alle lingue madri delle lingue europee sia ancora oggi interessante va lasciata agli esperti; ritengo di sì, perché la lettura permetterà loro di confrontare il pensiero contemporaneo con quello del Settecento.

I comuni mortali, leggendo questo testo, avranno un'occasione per capire la genesi di qualche aspetto della cultura di oggi, guadagnandone in consapevolezza.

Ho riletto di recente la "Storia di Castel del Rio" dell'Abate Cortini: è stata un'occasione molto coinvolgente e talvolta divertente per ripassare la storia della Romagna e parte di quella europea a partire dal Medio Evo.

Analogamente, auspico che il presente volumetto vi serva da lume nella foschia della storia, in quanto testimonianza diretta e non mediata del pensiero sette-

centesco, ma anche dei problemi che ha posto il sistema censorio dell'Inquisizione; un tema, la censura, di grande, internettiana attualità.

Sono molto grato al professor Matteo Veronesi, formatosi all'Alma Mater, lo studioso che ha curato questa pubblicazione, per l'impegno e la scientificità con i quali ha condotto il lavoro.

Andrea Vacchi Suzzi

Introduzione

Paradossalmente (per uno di quegli strani scherzi della storia che ne rendono la scrittura forse più simile all'arte che alla scienza, lontana da qualsiasi scientifica prevedibilità), sono proprio alcuni dei più audaci e controversi sviluppi della linguistica degli ultimi decenni, che in certa misura ha riscoperto l'idea, per lungo tempo rimossa ed esorcizzata proprio perché in apparenza poco scientifica, difficilmente verificabile, della monogenesi delle lingue, o almeno delle possibili parentele tra le famiglie linguistiche a prima vista più lontane (dalla rivisitazione della problematica teoria Nostratica[1] alle ricerche di Giovanni Semerano intorno agli antecedenti orientali – mesopotamici, egizi, ebraici – del greco e del latino[2] fino alle tesi, ancor più scandalose e fieramente avversate negli ambienti accademici, di Martin Bernal intorno all'influsso culturale e linguistico dell'antico Egitto sulla civiltà greca[3]), a rendere raccomandabili la rilettura e lo studio dell'imponente e ancora inedita opera *Origini Hebraiche delle tre lingue* di Arduino Suzzi, geniale e solitario erudito (*anèr àgan paideutòs*, uomo dottissimo, per proiettare su di lui la definizione che egli stesso diede, nell'epigrafe funeraria, del padre Domenico; uomo "dialecti triplicis", di tre lingue, greca latina italiana, come egli dettò,

---

[1] A. DOLGOPOLSKY, *The Nostratic macrofamily and linguistic palaeontology*, with an introduction by Colin Renfrew, McDonald Institute for Archaeological Research, Cambridge 1998; A. R. BOMHARD, *Reconstructing proto-nostratic: comparative phonology, morphology, and vocabulary*, Brill, Leiden 2008.

[2] G. SEMERANO, *Le origini della cultura europea*, Olschki, Firenze 2000.

[3] M. BERNAL, *Atena nera. Le radici afroasiatiche della civiltà classica*, Il Saggiatore, Milano 2011.

forse avendo in mente le tre anime, i *tria corda*, greco osco latino, del poeta Ennio, per la propria lapide) vissuto a cavallo fra Seicento e Settecento e ancor oggi, malgrado alcuni sparuti ed umbratili studi[4], pressoché sconosciuto, quasi che il suo ascetico e pensoso romitaggio nel silenzio appenninico lo predestinasse, anche postumamente, ad una eburnea e intemporale solitudine.

Opera, le *Origini*, che immensa fatica deve essere costata, e ricerche minuziosissime (tanto che si stenta ad immaginare per quali vie, nel suo isolamento, l'autore sia riuscito a raccogliere la documentazione su cui il suo discorso si regge, richiamandola peraltro senza ostentazione, con notazioni essenziali e rapide); ma che ebbe la triste ventura di restare, come detto, inedita, dato il veto della Santa Inquisizione, insospettita, certo, dalle insidiose venature panteistiche che di tanto in tanto affioravano, specie per via degli influssi neoplatonici (per l'idea della *Megale Psyche*, dell'Anima del Mondo), dalle sue pagine.

Obiettava l'Inquisitore faentino, a cui lo stampatore Archi, nel 1724, aveva invano sottoposto il manoscritto per ottenerne

---

[4] C. Q. VIVOLI, *Arduino Suzzi da Castel del Rio*, "Imola e Val di Santerno", IX, 1977; L. SUZZI, *L'opera di Arduino Suzzi da Castel del Rio*, Imola, Galeati, 1979; M. VERONESI, *Il solutore di enigmi. Arduino Suzzi, un genio dimenticato*, "Pagine di vita e storia imolesi", 12 (2009), pp. 55-62; *Un erudito alla ricerca delle origini. Arduino Suzzi*, "Bibliomanie", n. 23, ottobre-dicembre 2010. Al Suzzi accennavano anche Francesco Maria Mancurti nella sua settecentesca *Istoria letteraria della città d'Imola*, per lungo tempo inedita e pubblicata infine per le cure di Antonio Castronuovo e Laura Berti Ceroni (La Mandragora, Imola 2006), e sulla sua scia, e ripetendone le inesattezze, L. ANGELI, *Memorie biografiche di que' uomini illustri imolesi, le cui imagini sono locate in questa nostra iconoteca, che si distinsero in ogni ramo di scienze, e nelle belle arti*, Galeati, Imola 1828, e G. F. CORTINI, *Storia di Castel del Rio*, ivi, 1933. Si può vedere ora, per una messa a punto complessiva, la voce da me redatta per il *Dizionario di eretici, dissidenti e inquisitori nel mondo mediterraneo*, consultabile alla paina web: http://www.ereticopedia.org/arduino-suzzi.

l'*imprimatur*: "Fato, Fortuna, Destino e Simili sono più tosto vaneggiamenti Poetici, che sentimenti di vero Cattolico, massimamente dicendosi, come fa l'Autore, che tutte le altre cause abbiano dipendenza dal Fato, dalla Fortuna ed a questa riducansi".

Arduino, dunque, sfiorava pericolosamente quella compenetrazione di Neoplatonismo e Averroismo che, già nel pensiero rinascimentale, nella *Philosophia Perennis* di cui egli si sentiva prosecutore, sembrava concepire la Mente e l'Anima come impersonali o sovrapersonali emanazioni di una superiore Unità (*Unomnia*, Uno-Tutto, la chiamava Francesco Patrizi) da cui l'uomo e il suo destino erano guidati, e con cui essi sarebbero dovuti infine tornare a confondersi.

E vano fu, evidentemente, il suo tentativo, nelle controdeduzioni indirizzate all'Inquisitore[5], di riabilitare la propria opera insistendo sul valore che la simbologia numerologica poteva avere anche nel quadro e nell'ottica di un'ortodossia cristiana: "Dice la scrittura che Dio *omnia in mensura, numero et pondere disposuit*. Nel capitolo 35 si è mostrato che sono due sorti di numeri, altri corporali e matematici o aritmetici, altri incorporati et ideali, chiamati da S. Agostino numeri spirituali ed eterni: dei quali si serve Iddio".

I *numeri spirituales et aeterni* di cui parlava Agostino nel *De musica* (VI, 12), cardini e spie del superiore ordine che presiedeva e sovrastava alla concreta manifestazione della musica nel suo divenire sensoriale e temporale, e più generale alla silenziosa armonia del cosmo, si fondevano con l'immagine biblica (*Sapientia*, 11, 20) del Dio Architetto che ha disposto con ordine, misura e ponderazione tutti gli elementi e i moti dell'universo.

---

[5] Sia il parere dell'Inquisitore che le controdeduzioni dell'autore si leggono nel citato, diligente lavoro di Lorenzo Suzzi, pp. 28 e 32-33.

"Questa nostra opera sarà divisa in quattro libri o volumi et ciascun libro in due parti: perciocché il numero quaternario è perfetto et per esso designavano i Pitagorici (come dottamente dichiara il Ficino sopra il Timeo di Platone cap. 20) la pienezza dell'universo: di cui l'imagine vedrassi in questi libri. (…) Sarà ciascun libro diviso in due parti, per assomigliar questa opera all'ottaedro, solida figura geometrica d'otto angoli, et otto facce o basi, simbolo presso i Pitagorici dell'elemento aereo: perché come questo ascende in alto e discende penetrando nell'infime caverne della terra e si allarga, in modo che di sé ogni cosa riempie: così quello con due punte o angoli da ogni parte si estende et rimira".

Rifacendosi al platonismo ficiniano ("...et quattuor elementa, quorum naturam atque proprietates figuris Geometricis sic explicabant Pythagorei, quos hic Plato sequitur, ut terrae cubicam, atque icosaedram, aeri octaedram, igni pyramidalem, caelo dodecaedram figuram attribuerent"[6]), e dunque alla rispondenza fra microcosmo e macrocosmo, e ad una lettura matematico-geometrica del mondo (anche se ancora intrisa di pensiero magico-religioso e di simbologie mistiche), Arduino concepiva la propria opera, quasi dantescamente, come una vastissima cattedrale di parole, intese ad un tempo come oggetto dell'indagine e materiale stesso di cui l'opera doveva essere plasmata.

Scrittura e pensiero, segno e anima, significante e significato non erano scindibili, ma essenzialmente intrisi e compenetrati l'uno dell'altro.

L'opera, assimilabile all'ottaedro, doveva avere la natura e la consistenza dell'aria, al pari delle parole incorporea eppure percettibile, fluida e spirante e sfuggente, ma satura di energia vitale, e capace di penetrare ed imbevere, come il linguaggio,

---

[6] *In Timaeum Platonis*, Parisiis, Ex Typographia Thomae Richardi, 1560, p. 38.

tutte le pieghe, anche più riposte e sottili, del pensiero e della realtà.

La visione di Suzzi può certo apparire (al crocevia ormai fra Seicento e Settecento, dunque nel pieno e nel vivo del cantiere e del crogiolo della modernità scientifica) ancora legata ad un passato magico e religioso, ancora, per certi aspetti, medievale (eppure il suo orizzonte speculativo non era, anche e proprio in ciò, almeno per certi termini e concetti, troppo lontano da quello di un Ficino, un Cusano, un Bruno).

Nondimeno, l'idea fondamentale, di ascendenza pitagorica e platonica, della leggibilità e della conoscibilità del mondo come libro scritto in caratteri matematici è, in fondo, anche quella di Galileo.

L'opera, scriveva Arduino, "conterrà la somma di QUATTROCENTO capitoli: perché il centenario numero è assolutissimo, e stabile il quaternario, attribuito a Mercurio, creduto inventore e Dio di tutte le pienezze: onde l'epiteto *tetraglokis*, cioè quadrato, ha Mercurio nei Greci Epigrammi".

Vi era qui, forse, anche l'eco del *De verbo mirifico* (edito a Basilea nel 1494) di Johannes Reuchlin, in cui il Tetragramma Divino, posto al vertice della Scala di Giacobbe, simboleggiava il tramite fra la Terra e il Cielo, e l'anelito dell'uomo ad innalzarsi verso il Divino seguendo le tracce, la *signatura rerum*, che esso disseminava nella Natura e nella Parola.

Lo studioso del linguaggio, scriveva Reuchlin, insegue e scruta "reconditae verborum vires, et abstrusae vocum energiae": i poteri e i valori celati, quasi alchemici, che si annidano nelle pieghe del linguaggio, oltre la superficie dei segni.

Egli varca i "secretorum verborum latibula", i "vetustissimae philosophiae penetralia": si inoltra nei templi dei significati sacri racchiusi nel grembo della Parola.

È proprio quest'ultima a mediare il percorso di trasformazione alchemica che conduce l'uomo ad immedesimarsi con il Di-

vino, fino a che l'uno si trasfonda nell'altro (si "indii", direbbe Dante), e, specularmente, il secondo si immerga e si manifesti nel dominio del primo, attraverso il Verbo incarnato: "ut et homo migret in deum et deus habitet in homine".

Come "secreta et occulta" è la facoltà, la "proprietas" che media questa unione fra umano e divino, così "occulta et secreta" sono i "nomina" attraverso cui questa *unio mystica* è designata e insieme sollecitata. Dunque lo studio del linguaggio finisce per essere stesso un'esperienza spirituale, un veicolo di alchemica metamorfosi interiore.

In quest'ottica si spiega anche l'interesse, che Arduino condivide con larga parte della cultura cinque-seicentesca, dall'Alciato al Giovio, dal Bruno al Tasso, per gli emblemi, gli enigmi, le figurazioni allegoriche, le "imprese".

Echi e riverberi, benché umbratili, esse stesse, del pensiero divino, "ombre delle idee", le imprese sono emanazioni di quello *Spiritus phantasticus*, come lo chiamava Bruno (in un passo che sarà citato, significativamente, a riprova della sorprendente modernità di questa apparentemente così remota e polverosa e capziosa erudizione, dal Calvino delle *Lezioni americane* a proposito della "visibilità", della vivezza e dell'intensità rapida e densissima proprie del "pensiero per immagini"). "Tandem differt oculi visus a visu interni spiritus, quemadmodum speculum videns a speculo non vidente, sed tantum repraesentante speculum se ipso illuminatum et informatum, quodque simul lux est et speculum, et in quo obiectum sensibile cum subiecto sensibili sunt unum. Hic est mundus quidam et sinus quodammodo inexplebilis formarum et specierum, qui non solum species rerum externe conceptarum continet secundum earundem magnitudinem atque numerum, sed etiam virtute imaginationis magnitudini magnitudinem, numero numerum apponit" (*De imaginum compositione*, XIII). L'*internus spiritus* (per certi versi affine, in ciò, al *verbum*

come *imago mentis* degli Scolastici) è specchio di uno specchio, riflessione di riflessione, che sottopone i dati dell'esperienza e del pensiero ad ulteriore elaborazione; esso, in quanto nel comtempo specchio e luce, fonde in sé Soggetto ed Oggetto, e, attraverso quella che sarà l'"immaginazione produttiva" degli Idealisti, ricombina analogicamente le tessere essenziali della percezione e del pensiero dando origine, come appunto negli emblemi e negli enigmi, a nuove figurazioni e a nuovi, inesauribili significati.

In questa prospettiva, che in certo modo accomuna Bruno a Vico (lo *Spiritus phantasticus* dell'uno agli "universali fantastici dell'altro", e tanto i primi quanto il secondo, forse, a quella sarà la *fonction fabulatrice* di Bergson), si spiega anche la grande potenza visionaria che sorregge ed anima le proposte etimologiche (spesso così ardite, e valide più sul piano speculativo e mitopoietico che su quello propriamente e strettamente linguistico, tanto che si può a tutti gli effetti parlare di pseudoetimologie o di paretimologie in senso non spregiativo, ma creativo) di Arduino.

Come quando, ad esempio, la Lamia, sinistra figura femminea e demònica, è associata a *lamyròs* e, per semplice affinità fonica con parole come *lumen* o *lampròs*, all'idea (associata alla levità e alla fluidità della liquida) del fulgore, dello splendore (uno splendore che acceca, sul filo dell'affinità fra luce e tenebre, angelico e magico), e dunque tanto a Luna (essa stessa divinità femminile fra benefica ed inquietante, fra pura e diabolica, fra Diana ed Ecate) quanto a *lemure*, altra ipòstasi ambigua di spirito famigliare ma anche ombra vendicatrice, ricordo angoscioso di una colpa inespiata; o quando *aeternus* ed *aeternitas* sono associati alle radici ebraiche *ad* e *anad*, indicanti rispettivamente l'eternità e il legare, poiché l'eternità abbraccia e lega in sé tutti i tempi (e qui la base metaforica, il fondamento e la mediazione dell'accostamento analogico sono forse riconducibili a Dante, che vede "legato con amore in un volume / ciò che per l'universo si squaderna", o anche, più astrattamente, a Tommaso d'Aquino, alla sua immagine di un Dio che comprende ed abbraccia ed avvolge dentro di sé ogni possibile essere, ogni possibile perfezione: "Deus comprehendit in se totam perfectionem essendi", *Summa theologiae*, p. I, q, 11, a. 3); o, infine, quando, forse ancora per la suggestione dantesca della "gloria di Colui che tutto move", l'essenza della divinità è etimologicamente legata all'idea del moto e del volo (e dunque della sfera con il suo sospeso e librato moto eterno, perfetto, in sé compiuto, sempre con se stesso coerente): "Dal moto dunque il nome di grazia a Dio: però che l'essere, e la vita delle cose è per mera bontà, grazia, e amore divino".

In una prospettiva di ascendenza forse averroistica, tanto le parole e le lingue in sé e per sé, nel loro infinito ramificarsi e diversificarsi, molteplice e uno, quanto le loro interazioni sinestetiche (negli emblemi e nelle imprese) con la sfera dell'immagine, sono emanazioni di un superiore, universale e metafisico, Intelletto: emanazioni sempre parziali e transeunti, solcate e insidiate dall'ombra, eppure in vario modo epifaniche.

La lingua Ebraica, in cui la Divinità dapprima parlò all'uomo, è pura ed originaria, qualcosa di simile ai *prima nomina*, ai *simplicissima signa* della grammatica speculativa medievale e del *De vulgari eloquentia* di Dante: "Simplex sermo, purus, incorruptus, sanctus, brevis et constans Hebraeorum est".

Con tutta probabilità, fu proprio il testo del Reuchlin (innominabile, non citabile, perché incluso nell'*Index librorum prohibitorum*) ad offrire ad Arduino uno spunto decisivo.

L'analisi linguistica intesa come meditazione spirituale (secondo un binomio che la modernità scientista ha, purtroppo si potrebbe dire, gettato nell'oblio) affonda le proprie radici nella tradizione cabalistica.

Ciò è evidente nell'analisi che Arduino compie del Nome Divino, dell'ineffabile ed impronunciabile Tetragramma, Yhwh, con cui egli (citando a riscontro un passo dell'*Apocalisse*, nello spirito della continuità fra civiltà ebraica e messaggio cristiano) identifica l'Essere (interpretazione, questa, ancor oggi condivisa) nel suo triplice e uno dispiegamento temporale (principio, divenire, fine), accostandolo inoltre (con una pseudoetimologia peraltro suggestiva) al latino *Iovis*.

Si avvertiva anche qui, forse, l'influsso di Reuchlin, che associava l'ebraico *ehieh* all'idea platonica dell'Essere, *to on*, e la sillaba *hu* all'idea dell'Ineffabile e dell'inconoscibile.

Analogamente, lo *Yod* indicava la primalità, l'origine, lo *He* il divenire, il dispiegarsi dell'essere nel tempo, il *Waw* l'interconnessione fra gli opposti, fra l'eterno e il tempo, fra l'umano e il divino: insomma l'essenza originaria, eterna del pensiero e dell'espressione, specchi dell'essere, e il loro temporale fluire e manifestarsi nel linguaggio, nel suo snodarsi ed articolarsi in quanto discorso.

Ma, più in generale, questa sapiente *ars combinatoria* (nella quale, osservava Ficino introducendo il platonico *Cratilo*, si fondevano e cooperavano "natura" e "consuetudo", l'originaria, quasi alchemica simpatia e analogia fra nomi e cose, fra linguaggio e realtà, e la mediazione razionale del rapporto intercorrente fra i due dominî) trovava riscontro in numerosi luoghi della vastissima tradizione della Mistica ebraica[7].

Il nome divino Yah, fondendo Y e H, "unisce Padre e Madre in uno, due universi celati nel Mistero" (*Tikkunei Zohar*, f.

---

[7] Per la quale è ovvio il richiamo agli studi di Gerschom Scholem, e in particolare a *Le grandi correnti della mistica ebraica*, Einaudi, Torino 2008. Utile anche, circa echi, risonanze e consonanze di tale mistica in un contesto culturale, quello del Medioevo cristiano, permeato fittamente di simbolismi e allegorie, S. DEBENEDETTI STOW, *Dante e la mistica ebraica*, Giuntina, Firenze 2004.

63v). La Parola è sede e vincolo della *coincidentia opposito-rum*. La H è Donna e insieme Fuoco, i quali possono creare e nel contempo consumare (*Sefer ha-Zohar*, vol. 4, f. 259v).

Nello *Si'ur qomah* (*La misura della statura*), il Nome Divino, il Nome del "Dio primo e ultimo", è un "sussurro sottile", appena sopra il silenzio dell'inesprimibile, che il divino Fanciullo, l'Arcangelo Metratron, pronuncia al principio, "nella lingua di purità" che sola traduce e rispecchia il suo senso originario.

"Tre madri furono sigillate nella yod. Quando furono sigillate, furono poste nel grande Nome, e fu realizzato un edificio: esse nel Nome e il Nome in esse, faccia a faccia, essenze entro essenze" (*Perus Sefer Yesirah*, cap. 1).

He è la Potenza, l'energia vitale onnipresente, che tutto pervade; *Waw* la Bellezza e la "Colonna del Mondo", mediazione fra Terra e Cielo; *Yod* "il punto centrale, tutta la luce dell'intelletto, senza forma né somiglianza alcuna" (*Sefer ha-temunah*, prima figura).

"La *yod* è come il punto sottile che definisce il silenzio sottile cui l'uomo deve pensare nel momento in cui percepisce il Creatore, un silenzio come non si troverà in alcun essere creato" (*Keter Sem Tov*). *Subtilitas*, soffio del pensiero, finissimo anelito alla trascendenza.

Insomma il Nome Divino, unione degli opposti, fonde uno e molteplice, identità e alterità, stabilità e divenire, immanenza e trascendenza.

"La tua Torah si innalza in trecentosettanta luci, e ogni singola luce si rifrange in seicentotredici significati, che ascendono e si immergono in fiumi di balsamo puro"[8].

"Una waw sublime è il segreto della voce che si ode, ed è il segreto su cui si fonda la Torah, perché la Torah è uscita da

---

[8] *Zohar. Il libro dello splendore*, a cura di G. Busi, Einaudi, Torino 2008, p. 5.

quella voce interna, che è chiamato *voce grande*. Questa voce grande è il segreto della Torah, e per questo motivo è scritto: *Voce grande che non aggiunse altro*. (…) Questa *voce grande* è il fondamento di tutto, e il segreto del nome santo sublime, e per questo è stato stabilito che è vietato all'uomo salutare il proprio compagno, prima di avere recitato la preghiera"[9].

La molteplicità polifonica e internamente dialogante degli idiomi trova il proprio fondamento, la propria giustificazione e il proprio elemento coesivo nella Parola Divina e nella comune origine delle diverse espressioni dell'umana facoltà linguistica, essa stessa dono soprannaturale.

Ma in Arduino questi accostamenti, queste combinazioni e permutazioni di lettere, questi arcani aloni simbolici ed evocativi, si fondono con una ricerca (per certi aspetti già moderna, benché non ancora pienamente scientifica) di corrispondenze e trasformazioni fonetiche riconducibili a leggi precise.

Egli sembra, a tratti, già solcare e sondare, o almeno sfiorare, il magma fonetico, o meglio fonologico, ancora fluttuante, vago, incompiuto, indistinto, e perciò gravido di potenzialità, comune al Semitico e all'Indoeuropeo, che agli albori del Novecento Albert Cuny, nelle sue minuziose, densissime e labirintiche *Etudes prégrammaticales sur le domaine des langues indoeuropéennes et chamito-sémitiques* (le quali avevano del resto un antecedente significativo nelle ricerche dell'Ascoli sul "nesso Ario-Semitico"), tenterà, invero senza troppo séguito (cosa questa di cui peraltro ci si rammarica, pensando al significato e alle implicazioni culturali e anche politiche che una riflessione sul rapporto fra identità semitica e identità indo-germanica avrebbe potuto assumere), di esplorare in modo capillare.

Come aveva in parte già fatto, in modo com'è ovvio meno metodologicamente attrezzato e consapevole, ma con non meno viva passione, Arduino, Cuny si immergeva nell'abisso, per

---

[9] *Ibidem*, p. 259.

così dire nella schiuma primordiale, pregrammaticale, del linguaggio; risaliva a quella "longue ère d'anarchie et de désordre" che aveva preceduto "une période d'organisation et d'énergie dans la langue" (durante la quale ultima, ad esempio, le spiranti, più lievi e fluttuanti, erano state ricondotte, nell'Indoeuropeo e più lentamente nel Semitico, alla solidità delle occlusive); e, anche in quest'ottica, esplorava il ruolo cangiante e spesso imprevedibile degli "éléments obscurs" (prefissi infissi suffissi) attraverso cui le radici lessicali originarie (divenute spesso quasi inafferrabili, sepolte e sfumate nelle profondità, negli interstizi ombrosi, delle sillabe e delle parole) si ampliavano, dando luogo alle differenziazioni nei vocabolari delle diverse lingue[10].

E allora non stupirà poi più di tanto che il razionalismo abbia potuto, su questo terreno, incontrarsi, sorprendentemente, per quanto indirettamente, con la mistica.

Leibniz, nei *Nouveaux essais sur l'entendement humain*, inseguiva anche e proprio il labirinto delle etimologie, fra lingue classiche e lingue moderne, per cercare di risalire, o almeno di avvicinarsi, sulle orme di Agostino, all'Intelletto puro e supremo, garante della sottile *liaison des idées*, a quel "fondement réel de cette certitude des veritez eternelles" che è, infine, la Mente divina[11].

E ancora all'etimologia, spesso fantasiosa, fece ricorso (in un'ottica lontana dal razionalismo, più storicistica che speculativa, animata dalla convinzione che "verum et factum convertuntur", che il vero si manifesti nel concreto agire storico

---

[10] A. CUNY, *Invitation à l'étude comparative des langues indo-européennes et des langues chamito-sémitiques*, Bière, Bordeaux 1946, pp. 191 e 211.

[11] G. W. LEIBNIZ, *Nuovi saggi sull'intelletto umano*, a cura di S. Cariati, Bompiani, Milano 2011, pp. 1170-1173.

dell'uomo come nei *monumenta* del suo pensiero e della sua mitopoiesi) Vico nel *De antiquissima Italorum sapientia*, cercando, di traccia in traccia, di vestigio in vestigio, di risalire agli "universali fantastici", primigenia espressione dell'infanzia dell'umanità, attraverso le parole che ne erano riflesso ed impronta.

Tipica figura di quella che oggi si definisce *early modernity*, Arduino si trovava emblematicamente al crocevia fra due mondi, fra due sistemi di pensiero che oggi appaiono sempre più divenienti e fluidi, sempre meno nettamente divisi, e immersi piuttosto in un intreccio labirintico di continuità e fratture, di osmosi ed antitesi, in una selva di connessioni e di rispondenze non diverse da quelle che Arduino stesso andava investigando nell'intorto groviglio delle lingue, delle loro affinità e della loro comune matrice.

Accanto agli interessi linguistici ed eruditi, il Suzzi coltivò, come si è accennato, quelli legati alle simbologie esoteriche, cabalistiche, alchemiche. Interessi, questi ultimi, che furono anzi alla base delle sue due sole, esili opere che ebbero la ventura di vedere la stampa[12].

Ma non c'è forse una distinzione così netta fra i due versanti, quello esoterico e quello glottologico, della sua opera.

---

[12] *Aenigmatis cujusdam Bononiensis explicatio ab Arduino Suitio jurisconsulto Castrorivense facta in qua de aenigmatum ratione agitur. Adjectis in fine Distichis moralibus*, apud Josephum Antonium Archium cameralem ac S. Officii Typographum, Faventiae 1729; *Notarum atque mysteriorum sacrae patenae d. Petri Chrysologi expositio ab Arduino Suitio j. c. Castrorivense facta eminentissimo, ac reverendissimo d. d. cardinali Ulyssi Josepho Gozzadino episcopo Imolensi et comiti & c. dicata a Raphaele Montio archipresbytero et vicario foraneo S. Officii Terrae Castri Rivi*, typis Archi impressoris cameralis, necnon S. Officii, Faventiae 1756.

Illuminante, al riguardo, una pagina del *De occulta philosophia* di Agrippa von Nettescheim, per la precisione del capitolo LXIX, *De sermone atque virtutibus verborum*.

"Ostenso itaque nunc in animi affectibus magnam residere virtutem, sciendum insuper est non minorem inesse verbis rerumque nominibus, maximam praeterea in sermonibus et orationibus complexis. Est autem verbum duplex, internum videlicet et prolatum: internum verbum est conceptus mentis et motus animae, qui in cogitativa potentia sine voce fit. (…) Sunt itaque verba aptissimum medium inter loquentem et audientem, deferentia secum non tantum conceptum, sed et virtutem loquentis energia quadam transfundentia in audientes et suscipientes, tanta saepe potentia, ut non immutent solummodo audientes, sed etiam alia quaedam corpora et res inanimatas. Illa autem verba prae caeteris maioris efficaciae sunt quae res maiores (puta intellectuales, coelestes et transnaturales) cum expressius tum mysteriosius repraesentant quaeque a digniore lingua et sanctiore dignitate instituta sunt: haec enim veluti signa quaedam et repraesentationes seu sacramenta rerum coelestium et supernaturalium vim obtinent".

Vi è, qui, la piena e perfetta saldatura fra indagine esoterica e riflessione sulla lingua. La parola – Logos-Verbum, pensiero e parola, concetto ed espressione – è qui, come per la filosofia scolastica, *imago mentis*, specchio del pensiero, riflesso uno e duplice della concezione divina e di quella umana che ne è emanazione ed eco. ("Verbum cordis in loquente est prius verbo quod habet imaginem vocis, et postremum est verbum vocis. Verbum igitur vocis, quia corporaliter expletur, de Deo non potest dici nisi metaphorice. Sed verbum cordis, quod nihil est aliud quam id quod actu consideratur per intellectum, proprie de Deo dicitur, quia est omnino remotum a materialitate et corporeitate et omni defectu", si legge nelle *Quaestiones disputatae de veritate* di Tommaso d'Aquino).

Proprio le parole che designano, o cercano imperfettamente di designare, le verità prime, le quintessenze, le creature supreme e i loro attributi, rispecchiano l'origine divina del linguaggio; anzi ne rispecchiano *tout court* l'origine, la natura e la scaturigine originarie, si potrebbe dire l'*arché* in senso filosofico.

Non è dunque casuale che proprio dai termini teologici ed ontologico-metafisici, puri, cristallini, lontani dalla materialità – che sono, in certo modo, umani e insieme divini, razionali eppure protesi verso una sfera sovrarazionale, materiali e insieme immateriali, calati nel tempo, perché immersi nel fluire del linguaggio come discorso e come istituzione, ma insieme eterni – prenda le mosse Arduino, riconducendo ad essi l'inizio e insieme il fondamento della propria indagine.

Ma, nel contempo, il Suzzi si colloca, culturalmente e cronologicamente, quasi alle soglie dell'età preromantica, o meglio al crocevia tra l'appassionata, fitta anche se spesso farraginosa erudizione secentesca e le inquietudini di una modernità agli albori (ed è interessante notare come la sua riflessione, e la faticosa e vana elaborazione della sua maggiore opera, si collochino nello stesso torno di tempo che vede le successive edizioni dell'opera maggiore di quel Vico con il quale la sua profonda indagine, fra linguistica e mitopoiesi, ha tanto in comune).

Emblematico può risultare, al riguardo, il confronto con un testo come il *De signatura rerum* del Böhme (che leggo nella versione inglese di John Ellistone, del 1651, particolarmente prossima all'epoca e allo spirito dell'originale), quasi anello di congiunzione emblematico fra una tradizione esoterica dalle oscure radici medievali e la grande, immaginosa fioritura, lì già preannunziata, di quello che sarà l'Idealismo romantico.

La Volontà e il Moto traggono la Parola, il Verbo, dalla Quiete, dall'immobilità, dal Silenzio. Eppure a quell'indistinta ed originaria quiete, a quell'indeterminatezza silente, a quel Nulla Eterno, la Parola tende, attraverso lo stesso Moto e la Stessa Volontà, lo stesso sforzo e la stessa tensione, a nuovamente congiungersi e confondersi, con un moto ricorsivo e circolare che già prefigura l'idealistica alienazione dello Spirito nella Natura, o l'inveramento dell'io nell'Io Puro attraverso la mediazione – smembramento e ricomposizione – della molteplicità e del divisibile.

Ma volontà e moto sono anche libertà, cura, inquietudine – insomma sollecitudine, ansia, travaglio – quelle stesse forze, quelle stesse energie che agitano, sull'onda del divenire e del pensiero, la materia e la vita del linguaggio.

Per Humboldt, com'è noto, il linguaggio non è *ergon* ma *energheia*, non cristallizzazione statica ma perenne, fluente e magmatica, inesauribile attività creatrice. "La lingua è l'opera sempre reiterata con cui lo spirito rende il suono articolato capace di esprimere il pensiero". "Anche al di là delle regole della sintassi", è possibile risalire alle "radici" e alle "voci primitive" che rispecchiano l'"essenza della lingua". Come il pensiero è un "anelito", uno slancio sottile come un soffio, dalle tenebre alla luce, dal finito all'infinitudine, trova nella luminosa purezza dell'aria il proprio tramite. La lingua eleva alla purezza del ritmo, della melodia, del puro suono la bellezza insita nella natura[13].

In Schelling, la dispersione babelica delle lingue a partire dalla Lingua originaria è riflesso dell'alienazione dell'Uno, della suprema unicità dello Spirito e dell'Idea. Dunque risalire dalla molteplicità degli idiomi terreni all'originaria scaturigine della Parola.

"Lo stesso dio che, nella sua imperscrutabile identità con se stesso, era stato garanzia di unità, dovette – divenuto mutevole

---

[13] L. FORMIGARI, *La linguistica romantica*, Loescher, Torino 1977, pp. 75 sgg.

e dissimile da sé – operare la dispersione del genere umano". Nel divenire delle lingue diverse e molteplici "continua a operare l'unità originaria", la cui scomparsa porterebbe alla "scomparsa delle lingue stesse"[14].

Per Herder, la Parola della Creazione – quella Creazione che proprio attraverso la Parola si rivela a se stessa e conosce se stessa – "corre per ogni terra fino all'estremità del mondo, e si ode la sua voce in tutte le lingue".

Il dotto deve ricomporre, come dopo uno sbranamento sacrificale, le membra sparse, i *disiecta membra* di quella Parola originaria. "Discorrere è tradurre da una lingua angelica in una umana". "La lingua come viva espressione dell'affermazione infinita è il più elevato simbolo del caos che eternamente risiede nell'assoluto conoscere"[15].

Questa circolarità ricorsiva e ritornante di Spirito e Materia, Idea e Natura, rinvia all'archetipo, antico (empedocleo, parmenideo, platonico) e medievale, della Sfera.

Si può citare il *Sermo de sphaera intelligibili* di Alano di Lilla: "Cui aptius quam divine essentie sperice forme aptatur proprietas, que est alpha et omega, principium et finis, principio carens et fine? (...) Unde Mercurius temporalitatem dicit ad eundem fontem regredi a quo verum est ipsum progredi. Eternitas igitur, quia tempus in se reflectens circumducit, id est, circulariter ducit, merito ut semicicli temporalitatis eternitas circumductio esse dicatur, et ita, spera. (...) Mundana vero anima, que indefessa rationis orbiculatione volvitur, et eiusdem investigatione comprehenditur, iure spera rationabilis perhibetur".

La sfericità visualizza il movimento del pensiero che pensa se stesso, la riflessione che si fa specchio di sé medesima, e che vede se stessa nel proprio interno specchio.

---

¹⁴ *Ibidem*, pp. 131 sgg.
¹⁵ *Ibidem*, pp. 253-4.

Rievocando l'immagine archetipica della Sfera, Arduino fonde tradizione sapienziale e riflessione linguistica, riconducendo la parola e il concetto agli antecedenti semitici.

(Anche Giovanni Semerano ricollega la parola *sphaira* a termini semitici, ossia all'Accadico *saparu* e al Sumero *sapàr*, che hanno i significati di "rete" ma anche di "avvolgere", e in particolare alla rete del Phersu etrusco, simbolo però non dell'Essere, ma del destino di morte, di "divisione" e "separazione" che avvolge ogni cosa, e insieme – secondo una *communis opinio* cui però Semerano non aderisce – della *persona*, dell'identità finita e peritura che contrassegna e nel contempo imprigiona l'identità e l'essenza individuali[16]).

Certo il ricondurre l'originaria unità delle lingue, e la possibilità stessa della loro comparazione, alla primeva lingua ebraica rientrava in una tradizione di pensiero d'ispirazione teologica che aveva forse trovato nell'*Harmonie étymologique des langues* del Guichard la propria espressione più erudita, sistematica e accorta, benché priva della profondità di sguardo teologico e speculativo che si trova in Arduino.

Ma anche Herder, in *Sull'origine della lingua* e soprattutto in *Intorno allo spirito della poesia ebraica*, identificava proprio con l'Ebraico la lingua originaria e pura.

L'"alito di Dio", il "soffio dello Spirito" si identificano, per lui, con le vocali che danno vita e voce alle parole, animando lo scheletro consonantico. La lingua originaria è tanto più ricca di forza immaginifica e di potenzialità poetica quanto meno lo è di strutture grammaticali[17].

(All'Ebraico – e al *Cratilo* platonico con il suo sogno di una piena consonanza fra parole e cose, di una perfetta aderenza del

---

[16] G. SEMERANO, *Le origini della cultura europea*, vol. II, Olschki, Firenze 1994, p. 281.

[17] M. OLLENDER, *La lingua del Paradiso*, Il Mulino, Bologna 1991, pp. 58-61.

divenire del discorso a quello del reale – guardava del resto, esplicitamente, pur se al di fuori di qualsiasi visione mistica, metafisica o ontoteologica, il Rousseau dell'*Essai sur l'origine des langues*: tanto le leggi degli intervalli e dell'armonia nella musica, quanto le regole della sintassi, e la stessa introduzione della scrittura, nel campo linguistico hanno sovrapposto, al magma indistinto, risonante, inesauribilmente polifonico dell'espressività originaria, una fitta maglia di distinzioni, di chiarimenti, ma anche di freddezza e d'inaridimento, d'inautenticità: "Tout ceci mène à la confirmation de ce principe, que, par un progrès naturel, toutes les langues lettrées doivent changer de caractère & perdre de la force en gagnant de la clarté ; que, plus on s'attache à perfectionner la grammaire & la logique, plus on accélère ce progrès, & que, pour rendre bientôt une langue froide & monotone, il ne faut qu'établir des académies chez le peuple qui la parle").

Analogamente, in Suzzi la grande rappresentazione esiodea e ovidiana del caos originario da cui emergono le forme della vita è analoga alla differenziazione degli idiomi lungo il corso della storia a partire da un primo nucleo ancora indistinto, da un embrionale ed essenziale *fiat lux*.

Tuttavia, nella sua visione provvidenzialistica e teologica, il passaggio dall'informe alla forma, dall'indistinto alla differenziazione, dall'essenziale al contingente, se da un lato è conseguenza del castigo e della diaspora babelici, dall'altro rientra comunque nell'economia di un superiore e sapiente disegno, cosicché proprio in quella differenziazione, proprio in quell'allontanamento dall'origine è possibile vedere la mano dell'Artefice.

Sarebbe interessante, a riprova della continuità fra premoderno e moderno cui si accennava, chiedersi quanto dello spirito della Cabala, dell'esoterismo, della Mistica sia in fondo rimasto, inconsciamente, in scienze e metodologie tipicamente novecentesche come lo Strutturalismo o la Psicanalisi, che, in fondo, con l'Esoterismo condividono il gergo iniziatico, la ricerca di sensi nascosti, la tendenza ad inseguire celate corrispondenze e latenti mutue illuminazioni fra elementi remoti ed avulsi, siano essi segni linguistici, simboli onirici, sommessi echi ideativi.

Come che sia, Suzzi si muoveva con la stessa minuta erudizione e la stessa tensione analitica ed ermeneutica fra le sottili connessioni, le corrispondenze mirabili e remote, più o meno probabili e plausibili, le oscure risonanze delle parole e delle lingue, così come fra gli ardui simboli, le dense ed ostiche figurazioni, dei messaggi criptici ed esoterici.

I *mystica signa* della Patena evocherebbero le tre V di Cristo *Via*, *Veritas* e *Vita*, così come l'essenza triadica della Divinità, la dantesca Luce del Verbo, "nominis claritas laudibus enitescens", chiarità del Nome rifulgente di lodi.

L'enigma della Pietra di Bologna, che tanti grandi spiriti affascinò, da Nerval al Jung di *Mysterium coniunctionis* ("Aelia Laelia Crispis / Nec vir nec mulier nec androgyna / Nec puella nec iuvenis nec anus / Nec casta nec meretrix nec pudica / sed omnia..."), rappresenta, agli occhi di Arduino, la fusione, l'archetipico sposalizio mistico, di *Nox* e *Sol*, Notte e Sole, Tenebre e Luce (mentre il Malvasia vi vedeva la sinistra allegoria di un aborto, la rappresentazione di una nata-morta[18]), insomma la *coincidentia oppositorum*, l'unità degli opposti, di una millenaria tradizione filosofica, da Eraclito fino a Giordano Bruno.

Il linguaggio, potenzialmente infinito come l'Essere, può abbracciare gli opposti, la loro compresenza come la loro negazione, il loro vicendevole annullamento.

---

[18] C. MALVASIA, *Aelia Laelia Crispis non nata resurgens*, typis Dominici Barberii, Bononiae 1683.

Spetta all'esegeta trarre un ordine da quel Caos, allo stesso modo che, nel proemio delle *Metamorfosi* di Ovidio (citato da Arduino, in una delle pagine qui antologizzate, per il concetto di *carmen perpetuum*), da quell'immane ed informe Caos, da quella materia originaria ed indistinta, emergono e salgono alla luce le Forme del mondo e della vita nell'incessante fluire delle reciproche contaminazioni e trasformazioni.

Fra i modelli dichiarati di Arduino è il Ficino dell'*Argumentum in Cratilum*[19], ossia del breve testo (già citato) premesso alla traduzione del dialogo che Platone dedicò all'eterno problema delle origini e della natura (puramente arbitrarie o direttamente dettate da un'affinità consustanziale fra nome e cosa?) del linguaggio e della nominazione.

Tutti i nomi, e a maggior ragione il Nome Divino, conservano in sé una *virtus*, una *vis*, una potenza di significazione, originarie, concepite nella purezza della mente ("mente primum concepta") prima ancora di giungere alle labbra.

Prima e più ancora degli altari e dei simulacri, sempre inadeguati, dev'essere venerato il Nome, per la sua incorporea purezza intellettuale.

È "in artificio mentis afflatae divinitus", nell'artificio della mente invasa dal divino furore, che meglio si serba la *imago Dei*, la visione del Divino.

In questo superiore, antico e insieme moderno, Umanesimo della Parola, vista nel suo valore civilizzatore, speculativo e sublimante, è il messaggio perennemente attuale di questo erudito in apparenza irrevocabilmente lontano da noi.

M. V.

---

[19] *Omnia divini Platonis Opera*, apud Hier. Frobenium et Nic. Episcopium, Basileae 1546, pp. 303 sgg.

Nota al testo

Per le *Origini Hebraiche*, l'edizione è condotta sul manoscritto conservato presso la Biblioteca Comunale di Imola (Fondi Speciali Manoscritti, Archivio Vacchi-Suzzi, cartone n. 143).

(Manoscritto, peraltro, esso stesso dalle singolari vicissitudini: a lungo smarrito, riemerso misteriosamente sul mercato antiquario ad un secolo esatto dalla morte dell'autore, poi nuovamente, e fortunatamente, confluito, non si sa esattamente quando né per quale via, nell'archivio della famiglia, che fu infine donato alla Biblioteca).

L'ortografia è stata in rari casi normalizzata. Si è invece conservata la punteggiatura originale, anche quando diverge dall'uso odierno. Si sono mantenute, per le parole ebraiche, le traslitterazioni operate dall'autore, sebbene oggi prevalga una diversa convenzione grafica. Le parole greche contenute nel testo sono state traslitterate, per maggiore leggibilità agli occhi di un lettore attuale.

Per gli scritti esoterici, si sono seguite le edizioni citate in nota nella prefazione, traslitterando, anche in questo caso, le parole greche.

Dalle *Origini Hebraiche*
delle tre lingue

Il primo, e sommo ente è Dio. Et consiossiaché Dio è primo e ultimo, come dicono Isaia, cap. 41, 44 e 48[1] e Giovanni, Apocal. cap. VI e 12[2], con i quali si accorda Orfeo antichissimo e prestantissimo poeta, chiamando Dio *panton gheneten, archen panton, pantote teleuten*[3], cioè di tutte le cose genitore, e di

---

[1] "Haec dicit Dominus, rex Israel / et redemptor eius, Dominus exercituum: / "Ego primus et ego novissimus, / et absque me non est Deus. / Quis similis mei? Vocet et annuntiet, / et ordinem exponat mihi / ex quo constitui populum antiquum. / Ventura et, quae futura sunt, annuntiet nobis" ("Così dice il re di Israele, / il suo redentore, il Signore degli eserciti: / "Io sono il primo e io l'ultimo; / fuori di me non vi sono dei. / Chi è come me? / Si faccia avanti e lo proclami, / e mi riveli l'ordine con cui ho istituito il popolo antico. / Ci annunzi ciò che avverrà e sarà").

[2] "Ego sum Alpha et Omega, dicit Dominus Deus, qui est et qui erat et qui venturus est, Omnipotens" ("Io sono l'Alfa e l'Omega, dice il Signore Dio, Colui che è, che era e che viene, l'Onnipotente"). Questo passo, come il precedente, quasi in un duplice rispecchiamento fra il passato e il presente coesistenti nell'orizzonte dell'eternità, associa lo spirito profetico alla compresenza di tutti i piani temporali davanti all'occhio di Dio.

[3] Il passo a cui l'autore allude si trova nel quindicesimo degli *Inni Orfici*, testi di carattere misterico, esoterico ed iniziatico, di origine egiziana, e di datazione incerta, ma sicuramente tarda: "Ζεῦ Κρόνιε, σκηπτοῦχε, καταιβάτα, ὀμβριμόθυμε, / παντογένεθλ', ἀρχὴ πάντων, πάντων τε τελευτή. / σεισίχθων, αὐξητά, καθάρσιε, παντοτινάκτα, ἀστράπιε, βρονταῖε, κεραύνιε, φυτάλιε Ζεῦ· / κλῦθί μευ, αἰολόμορφε, δίδου δ' ὑγίειαν ἀμεμφῆ / εἰρήνην τε θεὰν, καὶ πλούτου δόξαν ἄμεμπτον" ("Zeus Cronio, con lo scettro, Kataibates, dall'animo forte, / di tutto generatore, principio di tutto e di tutto fine, / che scuoti la terra, che accresci, che purifichi, che tutto scuoti, / Lampeggiante, Tonante, Folgoratore, Zeus che fai germogliare, / dalle forme svariate, ascoltami, concedi Salute perfetta e la dea Pace e fama irreprensibile di ricchezza"). Affiora, fin dalle prime righe, quella tendenza, di matrice tipicamente umanistica, a contaminare (come avveniva emblematicamente nel pensiero di Marsilio Ficino) sapienza biblica, cultura classica, esegesi e mistica ebraiche, che contraddistingue e rende ancor oggi affascinante il pensiero di Arduino, ma che certo contribuì a guadagnargli l'ostilità dell'Inquisizione, tanto da impedire, fatalmente, la pubblicazione dell'opera.

tutte le cose principio e fine; con ragione da questo nome Dio daremo principio a' questi nostri Commentarii.

E dunque il creatore del tutto è da noi chiamato Dio; perciocché dagli antichi Latini si diceva non solo *deus*, ma ancora *dius*, come nei versi di Marzio riferiti da Livio Dec. 3. lib. 5. e da Macrobio Sat. Lib. 2 cap. 11. *Nam si dius extinguet perduelles vestros*[4], che Gioseffo Scaligero[5] così restituisce alla legge del metro: *Nam si dius vostros perduelles stinguet ad unum*. E come appo Varrone lib. 6. *de Lingua Latina* in quelle parole: *Camillus nominatur in Samothracia mysteriis dius quidam administer magnis diis*.

Ma poscia aggiunta una lettera, dissero *divus* per *dius*, ritenendo intiero l'altro nome *deus*, come pare, dal greco *theòs* mutata la lettera theta nella d stante l'affinità dell'una coll'altra.

Deus (dice Pompeo Festo[6]) *dictus est, quod ei nihil desit, vel quia omnia commodo hominibus dat, sive a Graeco* deos, *quod significat metum, eo quod hominibus metus sit. Sed magis constat id vocabulum ex Graeco* theos, *esse dictum, aspiratione dempta, qui mos antiquus nostris frequens erat.* Ma nella lingua volgare rimase l'anticata voce *dius*, come appo i Latini nel numero plurale alcuni casi da quella inflessi, cioè il nominativo e il dativo, *dii* e *diis*. (…)

Vollero alcuni Platonici esser l'anima di questi mondi niente altro, che il sommo Iddio.

---

[4] "Se dunque un dio sterminerà i vostri nemici".

[5] Giuseppe Giusto Scaligero, umanista francese del sedicesimo secolo. Arduino poteva sentirlo a sé affine per la vastità di interessi e la curiosità verso culture diverse, fra cui l'Egizia e l'Ebraica.

[6] Sesto Pompeo Festo, grammatico del secondo secolo dopo Cristo, autore di un *De verborum significatione* che Arduino utilizza come fonte secondaria.

Secondo la qual opinione dissero Arato e Virgilio esser di Giove, cioè di Dio ogni cosa piena[7]: perciocché Pitagora haveva chiamato Iddio *panton patera, noyn kai psychosin*, cioè di tutte le cose padre, mente, e vita.

E in vero tra gli altri nomi, che si attribuiscono a Dio, quello di Giove pare che sommamente gli si convegna: perciocché Giove è detto dal giovare, e da Dio viene agli uomini ogni giovamento, e aiuto.

Che perciò Dante non dubitò chiamar il vero Iddio Giove, dicendo, c. 6. *Purg. O sommo Giove, Che fosti in terra per noi crocifisso.* E così il Petrarca, son. 209: *O vivo Giove Manda, prego, il mio in prima, che il suo fine.* Ove risguardando il Tasso disse: *quel Dio ch'a tutti è Giove*, ossia che a tutti giova[8].

Ma fu Iddio da' Greci chiamato *theòs*, come vuol Platone nel libro ch'ei fece dell'etimologie e significazioni de' nomi, in-

---

[7] Arduino accosta, correttamente, e non per primo, un passo della terza Egloga di Virgilio ("Ab Iove principium Musae, Iovis omnia plena") all'*incipit* dei *Phainomena* di Arato di Soli, poema astronomico di età ellenistica più di una volta utilizzato da Virgilio come fonte: "Ἐκ Διὸς ἀρχώμεσθα, τὸν οὐδέποτ' ἄνδρες ἐῶμεν / ἄρρητον. Μεσταὶ δὲ Διὸς πᾶσαι μὲν ἀγυιαί, / πᾶσαι δ' ἀνθρώπων ἀγοραί, μεστὴ δὲ θάλασσα / καὶ λιμένες· πάντη δὲ Διὸς κεχρήμεθα πάντες" ("Cominciamo da Zeus; mai lasciamolo, noi umani, / innominato. Piene di Zeus sono tutte le strade, / tutte le piazze degli umani, pieni il mare / e i giardini; sempre tutti noi abbiamo bisogno di Zeus").

[8] Il Suzzi cita, decontestualizzandola (ma offrendo, proprio per questo, un interessante esempio di uso del testo poetico come spia delle radici prime e recondite del linguaggio), l'ingannevole supplica di Armida a Goffredo nel quarto canto della *Gerusalemme Liberata*: "Io te chiamo, in te spero; e in quella altezza / puoi tu sol pormi onde sospinta io fui, / né la tua destra esser dee meno avezza / di sollevar che d'atterrar altrui, / né meno il vanto di pietà si prezza / che 'l trionfar de gl'inimici sui; / e s'hai potuto a molti il regno tòrre, / fia gloria egual nel regno or me riporre. / Ma se la nostra fé varia ti move / a disprezzar forse i miei preghi onesti, / la fè, c'ho certa in tua pietà, mi giove, / né dritto par ch'ella delusa resti. / Testimone è quel Dio ch'a tutti è Giove / ch'altrui piú giusta aita unqua non desti".

scritto il Cratilo, dal verbo *théo*, che significa correre: conciossiaché quegli antichi huomini vedendo il sole, la luna e le stelle correre per il cielo, pensarono, che fossero numi[9]: e così li chiamarono *theoi*, cioè *dei, para to thein dia ton ouranon*, perciocché corressero per i cielo: comeché altri assegnino a questa voce greca *theos* l'etimologia *apo tou theoreisthai, idest a spectando, cum omnia aspiciat, et cernat*.

Ma questa etimologia, quanto alla deductione, non è vera: né posso acconsentire a quella di Platone: perché noi con il lume della Scrittura Sacra sappiamo che i primi discendenti di Noé haveano cognitione del vero Iddio: e nella divisione delle lingue, come le altre appellationi, così è molto più quella di cui dobbiamo credere, che fusse da divino afflato inspirata nelle menti e nelle lingue degli huomini: il che chiaro da questo si può conoscere, perché in tutte le lingue (come diremo) il nome di dio fu di quattro lettere composto[10].

---

[9] Nel *Cratilo*, che Suzzi recepiva, come illustrato nell'introduzione, attraverso l'interpretazione di Marsilio Ficino, Platone affronta lo spinoso problema delle origini del linguaggio, secondo alcuni dettate da mera convenzione fra i parlanti, secondo altri legate al rapporto speculare e mimetico fra realtà e parola. Questo il passo platonico: "SOCRATE: Non è giusto dunque cominciare dagli dèi, per comprendere perché mai furono chiamati giustamente con questo nome di *theoi*? ERMOGENE: Mi pare di sì. SOCRATE: Io dunque faccio questa supposizione: mi pare che i primi uomini che abitavano in Grecia considerassero dèi soltanto quelli che ora anche molti barbari stimano tali, e cioè il sole, la luna, la terra, gli astri e il cielo, e siccome li vedevano tutti andare sempre di corsa e correre, da questa loro natura del *thein* ('correre'), li chiamarono *theous* ('dèi'); in seguito poi, riconosciute le altre divinità, le chiamarono tutte con questo nome".

[10] Visione (peraltro, com'è ovvio, artificiosa e forzata, dettata da una soverchia volontà di allegorizzazione, ad uno sguardo moderno) enunciata nell'*Argumentum in Cratilum* del Ficino.

Può dunque credersi che Dio fusse da' Greci chiamato *theos*, da' Latini con commutatione *deus*, dall'Hebraico *dai[11]*, che si interpreta *sufficiens*: perocché Iddio *sibi ipsi sufficit ut sit, et ceteris omnibus sufficit, ut sint*. Oltre a ciò, *sufficiens est ad omnia, idest potens est omnia facere*.

Onde tra i dieci nomi, che Iddio tiene nella lingua Hebraica, uno fu questo di *shadai*, voce che appo gli ebrei scrivesi con tre lettere, *schin, daleth, iod[12]*. (…)

Onde ben anco disse Aristotele, che *deus sibi sufficiens*, e che *non habet opus amico, nec ulla re alia*, come quegli, che è *omni virtute praestantior[13]*.

E nel primo della *Politica* dice, che *qui in communi societate nequit esse, quique nullius indigens propter sufficientiam, nulla pars est civitatis: quare aut bestia, aut deus[14]*.

---

[11] L'autore allude alla radice ebraica די, *day*, che vale sufficiente, capace, ma può indicare anche armonia, concordanza, o regolarità e ciclicità di una scansione temporale: tutti valori che l'interpretazione di Arduino sembra contemplare.

[12] Affiora qui con tutta evidenza la conoscenza che Arduino ebbe della mistica ebraica, alla quale (pur se con brevi parentesi, come quella della Cabala Cristiana di età umanistica, che in quei testi si sforzava di trovare, per mistica consonanza, una conferma indiretta della concezione trinitaria) il mondo cattolico guardò con diffidenza. Si potrebbe citare, qui come altrove, fra gli altri passi possibili, una pagina del *Talmud, Chagigah* 12a, ove Dio onnipotente, in quanto appunto El Shaddai, pone un limite al mare dopo averlo creato e avergli impresso il primo impulso ad espandersi (in accordo con quel moto ritmico e pulsante di espansione e contrazione, dilatazione ed implosione, che regola e scandisce, secondo i testi ebraici, vita e morte del cosmo).

[13] *Etica Eudemia*, VII, 12: Dio basta a se stesso, è superiore ad ogni virtù, non ha bisogno di nulla.

[14] *Politica*, I, 2: "Tutte le cose sono definite dalla loro funzione e capacità, sicché, quando non sono più tali, non si deve dire che sono le stesse, bensì che hanno il medesimo nome. È evidente dunque sia che lo stato esiste per natura, sia che è anteriore a ciascun individuo: difatti, se non è autosuffi-

Platone ancora nel *Timeo* afferma che *deus est plenae perfectionis, et nullius societatis indigens*[15].

Onde ne venne appo Greci *anadees o theos*, idest nullius indigens deus.

E Speusippo[16] sommo filosofo, diffinendo Dio, disselo *Vivens immortale, per se ipsum ad bonum sufficiens, essentia sempiterna, ipsius boni causa*.

E de' nostri Sant'Agostino di Dio parlando *in libro Meditationum* dice *est autem virtus incomprehensibilis, nullius indigens, ipsi sibi sufficiens. Omnia autem* (dice Aristotile *Politica*, lib. 1 cap. 9) *in se ipso habere, et nullius indigere, sufficientis est*.

Anzi da questa medesima origine pare fusse a' Greci il nome di Giove Zeus.

---

ciente, ogni individuo separato sarà nella stessa condizione delle altre parti rispetto al tutto, e quindi chi non è in grado di entrare nella comunità, o per la sua autosufficienza non ne sente il bisogno, non è parte dello stato, e di conseguenza è una bestia o un dio". Significativo come, qui e altrove, Arduino faccia interagire il sapere filosofico e teologico con la riflessione linguistica, secondo una sinergia feconda (per quanto a volte fuorviante) che la nascente modernità, come lamenterà fra gli altri Vico, stava allora infrangendo in nome di una ricerca (di spirito già precedentemente cartesiano e galileiano) di tecnicità ed esattezza.

[15] Questo il passo: "Tale fu il ragionamento che il dio che sempre è formulò riguardo al dio che un giorno sarebbe stato, e così fece un corpo liscio e uniforme, in ogni punto ugualmente distante dal centro, e intero e perfetto e composto di corpi perfetti: e posta l'anima in mezzo ad esso, cercò di stenderla in ogni direzione, e addirittura dal di fuori ricoprì con essa il corpo, e realizzò un cielo circolare che si muove tutt'intorno, unico e deserto, per sua virtù in grado di accompagnarsi da sé e di non aver bisogno di nessun altro, buon conoscitore ed amico di se stesso. Per tutte queste ragioni felice generò quel dio".

[16] Discepolo di Platone, autore fra l'altro delle *Definitiones* (da cui è tratto il passo citato da Arduino) tradotte dal Ficino unitamente alle opere platoniche.

Con tutto ciò non da *dai* diremo veramente esser i nomi *deus*, *theos*, ma da altra origine.

Sappi dunque come nella lingua Hebraica il verbo *schahah*, per *shin, hajin,* e *he,* è *aspicere, respicere, item avertere se, vel vultum suum, item oblectare se.*

L'uso della Lingua Siriaca, e Chaldaica, è di mutare lo *shin* nel *tau*: onde per *schahah* direbbesi *tahah*.

Adunque da *schahah, tahah, meschaheh, methaheh, aspiciens, respiciens*: indi levato l'incremento, come in sostantivo, *shaheh* e il punto, *pathach* grande mutato nel *pathach* piccolo, che a' Greci è l'epsilon, cioè l'e breve, *theos, theòs* in Greco; ma il tau nell'affine d mutato, *deus in Latino, quasi aspiciens, videns.*

Che cosa dunque è *theòs, deus? Qui cuncta perfecte videt, vel respicit.* Il che non si può dire de' spiriti beati, *qui neque cuncta, neque perfecte vident*: perché né le cose future, né i segreti de' cuori humani essi vedono, se non in quanto gli è permesso da Dio.

Sia dunque dal vedere *theos, deus.* Indi è Genesi 22, *Dominus videt, Dominus videbit.* Indi Matteo, 6: *Et pater tuus, qui videt te in abscondito*[17]. (…)

De' dieci nomi, che si danno a Dio nella lingua Hebraica, questi due sono i principali, *eloah,* e *iehoah*: quello secondo i Sapienti Hebrei è nome di giudicio, questo nome di grazia. *Eloah* nella lingua Chaldea, e Siriaca pronunciati *elaha,* e ancora con tre sole lettere *elah.*

Ma siccome nella lingua Hebraica sono due nomi principali di Dio *eloah,* e *iehoah*; così fu nella Greca, e nella Latina lingua.

---

[17] Anche in tempi recenti il greco *theòs* è stato associato alla radice *tha,* legata alla visione, all'epifania, alla meraviglia. Qui questa suggestione si unisce all'immagine ebraico-cristiana del Dio "che vede nel segreto".

E perché in quella *theos*, in questa *deus*, corrispondono all'Hebraico *eloah*; l'altro corrispondente all'Hebraico nome *iehoah*, fu nella lingua Latina *Iovis, Iupiter*, nella Greca *Zeus, deus*: che tali nomi in questa lingua al sommo Dio si attribuiscono in risguardo della sua divina gratia, e clemenza: e però nella prisca teologia Giove è finto padre delle Grazie: e per tal rispetto Iovis è detto *a iuvando*, dal giovamento; ciò che è proprio della grazia: onde Iupiter, *quasi iuvans pater*.

Se pure dall'Hebraico *iehoah* non lo vogliamo detto per mutazione dello *sheva* mobile nell'a breve, come alcuna volta si muta presso gli Hebrei, e del *vav cholam* nell'u mobile.

Sebbene questo nome fu da prima indicato da Dio a Mosé, *Exod.* 6. v. 3.[18] et è composto da *ehi, erit, onero* (perché il futuro viene anzi tal volta da significatione del preterito), *fuit*, e *hoah, qui est, existens*: che i Rabbini scrivono *houeh*; onde *iehouah* per *iehoah*.

Che perciò la significazione di questo ben espresse S. Giovanni nell'Apocalisse cap. 2 dicendo *charis hymin, kai eirene apo tou ho on, kai ho en, kai ho erchomenos*: cioè, *Gratia no-*

---

[18] Questo il passo a cui si allude, nel quale il Nome divino (inizialmente velato di mistero e di ineffabilità) è associato alla potenza di Dio e alla sua promessa di redenzione: "Il Signore disse a Mosè: 'Ora vedrai quello che sto per fare al faraone con mano potente, li lascerà andare, anzi con mano potente li caccerà dal suo paese!'. Dio parlò a Mosè e gli disse: 'Io sono il Signore! Sono apparso ad Abramo, a Isacco, a Giacobbe come Dio onnipotente, ma con il mio nome di Signore non mi son manifestato a loro. Ho anche stabilito la mia alleanza con loro, per dar loro il paese di Canaan, quel paese dov'essi soggiornarono come forestieri. Sono ancora io che ho udito il lamento degli Israeliti asserviti dagli Egiziani e mi sono ricordato della mia alleanza. Per questo dì agli Israeliti: Io sono il Signore! Vi sottrarrò ai gravami degli Egiziani, vi libererò dalla loro schiavitù e vi libererò con braccio teso e con grandi castighi".

bis, et pax ab eo, qui qui est, et qui erat, et qui venturus est. (…)[19]

Ma perché quello che agli Hebrei è *zuah, zah*, a' Siri, e Chaldei, è *zuz, zaz*, onde in aphel, *azez*, movere; indi anco a' Greci il nome di Giove *zes*, per cui è a' Dorici *sas*, il z sendo nel s mutato: e da *zes* per mutazione del z nel d e dell'eta nel iota è *dis*, onde l'obliquo di Zeus, *dios*.

Dal moto dunque il nome di grazia a Dio: però che l'essere, e la vita delle cose è per mera bontà, grazia, e amore divino.

Ma perché non meno di questo è il pascere, nutrire, e mantenere le cose create; perciò anco Giove da' Greci è detto *Zen*, o come a' Dorici *Zan*, e anco il s similmente nel d mutato, *den, dan*, dall'Hebraico, o Chaldaico verbo *zun* in aphel, *azen, alere, pascere, sustentare*.

Onde essendo presso i Greci due i nomi di Giove *Zeus*, e *Zen*, variano il caso retto in dieci modi, *zeus, deus, bdeus, zes, zas, dis, zen, zan, den, dan*, non senza misterio[20]: perché il numero

---

[19] In realtà il passaggio si trova nel primo capitolo: "Ἰωάννης ταῖς ἑπτὰ ἐκκλησίαις ταῖς ἐν τῇ Ἀσίᾳ· χάρις ὑμῖν καὶ εἰρήνη ἀπὸ ὁ ὢν καὶ ὁ ἦν καὶ ὁ ἐρχόμενος, καὶ ἀπὸ τῶν ἑπτὰ πνευμάτων ἃ ἐνώπιον τοῦ θρόνου αὐτοῦ, καὶ ἀπὸ Ἰησοῦ Χριστοῦ, ὁ μάρτυς ὁ πιστός, ὁ πρωτότοκος τῶν νεκρῶν καὶ ὁ ἄρχων τῶν βασιλέων τῆς γῆς" ("Giovanni, alle sette Chiese che sono in Asia: grazia a voi e pace da Colui che è, che era e che viene, e dai sette spiriti che stanno davanti al suo trono, e da Gesù Cristo, il testimone fedele, il primogenito dei morti e il sovrano dei re della terra"). Esso rispecchia la concezione filosofica e teologica (greca non meno che ebraico-cristiana), fondamentale per Arduino, e feconda ai suoi occhi di implicazioni linguistiche, di Dio come Essere assoluto, in sé compiuto, autofondato e autosufficiente, senza principio né fine, racchiudente in sé la contemporaneità di tutti i tempi.

[20] Qui l'intuizione, per molti aspetti geniale, delle alternanze e delle variazioni fonetiche su cui la linguistica contemporanea getterà piena e rigorosa luce si fonde e si contamina ancora con un elemento tipicamente premoderno, quello della numerologia allegorica e mistica.

denario significando universalità, si appartiene a Dio, *per quem omnia facta sunt*[21].

Ma per qual cagione nella Sacra Scrittura ritrovansi alcuna volta gli huomini nominati col nome di Dei?

Tra gli altri titoli, o attributi, de' quali più si compiace Iddio, è quello di amatore del genere humano: perché ciò ch'egli fece, fece per l'huomo; infino a constituire la suprema natura angelica custode di quello: e tanto fu l'amore di Dio verso l'huomo: che egli per quello volle prender carne humana, patire, e morire in croce: et in segno di questo suo eccessivo e immenso amore volle nell'instituzione dell'ineffabile sacramento eucaristico sotto le specie sacramentate di pane se stesso offerire all'huomo in cibo sovrasostanziale, e divino dell'anima.

Di questo amor di Dio verso l'huomo testimonii habbiamo nelle carte del vecchio e nuovo Testamento: senza che in noi stessi tutto il giorno ad ogni momento segni di sommo amor divino esperimentiamo.

E di qui venne, che l'huomo amico, e benefico sia detto dio dell'altro uomo. E in questo senso l'huomo alcuna volta vien chiamato Dio nelle sacre carte.

Ecce constitui te deum Pharaonis, Esodo cap. 1 e cap. 22. *Diis non detrahes, et et principi populi tui non maledices*. E di qui ancora fu, che molti degli antichissimi huomini, per essere stati molto benefici al genere humano, conseguissero il nome di dei, che poi degenerò in idolatria.

E nella simbolica, o mistica teologia degli antichi la natura, ovvero operazione benefica, che grazia si dice, è chiamata *Pasithea*; cioè, non tutta divina, ma a tutti dea, quasi voglia dirsi amica, o come interpretò Homero, *pasi tois theois etairizousa*,

---

[21] Secondo la formulazione del *Credo*, stabilita dal Concilio di Nicea: "Deum de Deo, Lumen de Lumine, Deum verum de Deo vero, / genitum non factum, consubstantialem Patri; / per quem omnia facta sunt".

cioè compagna e amica a tutti gli dei; quasi inferir volesse, senza cui gli dei esser non possono.

E per questa intesero alcuni Urania, cioè Venere celeste, che è l'amore celeste: per il quale rendesi l'huomo dell'altro huomo un dio, cioè amico, o benefattore.

Ed è finta figliola di Giove; perché è propria prima di Dio, e poi dell'huomo; che nell'essere giovevole e benefico, si rende simile a un dio.

E certo Iddio non solo nelle profane, ma ancora e più frequentemente nelle Sacre Lettere è chiamato Padre, non tanto perché da lui habbiamo l'essere, quando in rispetto del paterno amore, ch'egli porta all'huomo.

E per questo medesimo rispetto ancora sono gli huomini chiamati figliuoli di Dio: *Dii estis, et filii Altissimi omnes* chiama il Profeta gli huomini buoni, e benefici: e San Giovanni, cap. 1: *Dedit eis potestatem filios Dei fieri.*

E perché non amicizia, se non è mutua, è compensata, quasi senza questa amicizia Iddio non possa esser per Dio tenuto, e conosciuto; volle fondare la sua Santa Legge col precetto dell'amare Iddio sopra ogni cosa. E vincolo di questo mutuo amore, e carità fra Dio, e l'huomo, è lo Spirito Santo.

Anzi Iddio è l'istesso amore: perché il Padre eterno, se stesso amando, genera *ab aeterno* il Figliuolo a lui eguale: e dall'amore del Padre e del Figliuolo procede *ab aeterno* lo Spirito Santo eguale al Padre, e al Figliuolo. E per dette queste cagioni molti de' prischi teologi attribuirono a Dio (come attesta Platone[22]) il nome di Amore. Ma di ciò fin qui.

---

[22] Il riferimento sarà ovviamente al *Simposio*, attraverso la mediazione (ancora una volta) di Ficino, quello del trattato *Sopra lo Amore*: "Questo Architettore, solo con soprannaturale lume può essere inteso: e però la Mente dalla inquisizione della propria luce, a recuperare la luce divina è mossa e allettata: e tale allettamento è il vero Amore: per il quale l'uno mezzo dell'uomo l'altro mezzo dell'uomo medesimo appetisce. Perché il lume naturale, che è la mezza parte dell'animo, si sforza di accendere in noi

Dalle cose predette potremo conoscere, perché divi fossero denominati dopo morte gli Imperatori Romani, che bene e santamente havevano retto l'impero[23].

Onde i Romani per confermarne grata memoria, li riponevano nel numero degli dei loro e chi desidera sapere il modo, che tenevano in conservare, e deificare i loro Imperatori defunti, massime quegli che havevano lasciati successori nell'imperio, legga il quarto libro dell'*Historia* di Herodiano Greco Scrittore, che molto elegantemente ce lo descrive[24].

E quindi poi chiamaronsi Divi da noi Christiani li Santi del cielo, confacendosi a ciò il detto di Pitagora ne' versi morali, che l'huomo dopo morte salendo al cielo, sarà un dio immortale[25].

E da questo sostantivo *divus* è l'aggettivo *divinus*, di Dio, che è di dio, che appartene a dio: il quale passa in sostantivo per

---

quel divino lume, che è l'altra mezza parte di quello, il quale fu già sprezzato da noi" (*Orazione IV, Capitolo V*).

[23] Qui, fra il Cicerone del *Somnium Scipionis*, il *De Civitate Dei* di Agostino e il *Paradiso* dantesco, l'ordine terreno dell'Impero è visto come specchio, benché sempre imperfetto, di uno sguardo, un ordine, un *logos* trascendenti.

[24] Riferimento ad Erodiano, storico romano di origine siriaca e di lingua greca, vissuto nel terzo secolo dopo Cristo. Il passo a cui il Suzzi si riferisce conserva un suo singolare fascino per la mescolanza di lutto e festa, lode e lamento, nell'evocazione dei riti di apoteosi degli imperatori romani. Singolare come, nella trattazione dell'autore, la storia sacra si intrecci con quella profana (con dettagli, si direbbe oggi, di antropologia culturale) nella contestualizzazione dei fatti linguistici.

[25] *Versi aurei*, 30-32: ἀλλ' εἴργου βρωτῶν ὧν εἴπομεν ἔν τε Καθαρμοῖς / ἔν τε Λύσει ψυχῆς, κρίνων καὶ φράζευ ἕκαστα / ἡνίοχον γνώμην στήσας καθύπερθεν ἀρίστην. / ἢν δ' ἀπολείψας σῶμα ἐς αἰθέρ' ἐλεύθερον ἔλθῃς, / ἔσσεαι ἀθάνατος, θεός ἄμβροτος, οὐκέτι θνητός ("Astieniti dai cibi di cui ti dissi, e abbi intelletto, e nelle purgazioni, e nella liberazione dell'anima. Ogni cosa osserva, distingui e valuta, l'Intelletto dall'alto eleggendo per guida più eccelsa. Allora, lasciato il corpo, salirai al libero Etere, Sarai un Iddio Immortale, incorruttibile, invulnerabile"). Come altrove, l'autore fonde sapienza iniziatica greca e dottrina ebraico-cristiana.

quello, che volgarmente diciamo da *divinus* indovino, per composizione, e mutazione dell'i primo nell'o. E ben *divinus*, indovino, e profeta, colui, che sa, e vede le cose future, e occulte, quando dal vedere è detto *deus, theos*.

E così dal vedere il profeta in Hebraico *haroeh*, e *chozeh*, da *chazah, videre, intueri, respicere*. Onde a questo proposito ben s'accorda colle parole d'Isaia di sopra riferite quel verbo di Pacuvio apportato da Gellio: *Nam si qui quae eventura sunt, praevideant, aequiparent Iovi*[26].

Tale da' Greci è detto *thespis*, e *entheos*, cioè esprimenti la voce dal naturale, se il Latino parlare la ricevette, *indivinus*, e *theophoros, id est deum ferens, deifer* à Ottato Milevitano[27]; *quod quasi divinum numen, vel spiritum ferat in pectore*: onde *theophoria*, l'entusiasmo[28].

Ma perché cotale *non tam fert numen, quam numine feratur*[29]; perciò *theophoretos* anco si disse, e *theophoroumenos, qui divino numine fertur*, da *theophoreomai, divino spiritu, vel numine feror*.

---

[26] La facoltà profetica rende l'uomo simile a un dio, poiché nell'eternità e nella sovratemporalità di quest'ultimo si sovrappongono e si fondono tutti i piani temporali ed evenemenziali. Il linguaggio, nel cogliere e nell'esprimere l'essenza, si eleva allo stesso dominio metatemporale. Aulo Gellio (qui *Noctes Atticae*, XIV, 1) si conferma miniera inesauribile di testimonianze, frammenti e suggestioni della romanità arcaica (in questo caso Marco Pacuvio, drammaturgo del secondo secolo avanti Cristo).

[27] Vescovo del quarto secolo, elogiato da Agostino e da Girolamo, impegnato nelle controversie contro i Donatisti (*De schismate Donatistarum*).

[28] È qui evocato il concetto di *enthousiasmòs*, di divino furore, di rapimento estatico e divina ispirazione, che lunga fortuna ebbe nella storia della filosofia e della poetica, dal Platone dello *Ione* al Cicerone della *Pro Archia* al Petrarca della *Collatio laureationis*, fino a Giordano Bruno.

[29] Il poeta-profeta non tanto porta dentro di sé lo spirito divino, quanto ne è portato, condotto, ispirato, agitato.

E sappi, che *theophòretos ghyné*, e *theophorouméne*, è l'interpretazione del nome Sybilla. Interpretano questo, che sia detto, quasi *theoboule*, da *theòs, deus*, deus, e *boule, consilium, voluntas*.

Siòs, sios si disse dagli Eoli per *theos, deus*, dalla medesima origine di Zeus, *Dios*, cioè dall'accennato verbo Hebraico *heziah*, movere, il zajin nel s mutato: o più tosto dal Chaldaico, e Siriaco verbo *suah, sajud*, per *samech*, e *hajin*, iuvare, in *hiphil, hesiah*: onde *mesiah*, e levato l'incremento, *siah, adiutor*: indi *siòs, sios, deus, quasi adiutor*.

Onde anco appo i Romani Giove *ab ope ferenda* hebbe il cognome di Opitulus, e Opitulator. Festo lib. 13 *Opitulus Iupiter, et Opitulator dictus est, quasi opis lator*.

Ma veramente *siòs* nell'Eolico dialetto dalla medesima origine di *theòs, thìos*, di sopra dimostrata, cioè dall'Hebraico verbo *sehahah*, o *schehi, schihi*, ritenuto lo *schin*, ma pronunciato per s secondo l'uso de' Siri, e Chaldei, *sehi, sihi, sios, deus*.

Ma che da *siòs* venga composto il nome Sibylla, ancorché finora sia stato creduto, non lo crederei io in modo alcuno: perché Sibylla è vocabolo semplice, dall'origine del verbo Hebraico *sabad, ferre, portare*: onde il feminino *sebulah, lata, portata*. (…)

Il Ficino sopra il *Cratilo* di Platone scrive, che sono chiamati dagli Assiri Abdai, dagli Egyptii Theuth, dagli Arabi Allah, dai Persiani Syre, dai Magi Orsi: i quali vocaboli tutti sono da primiera origine Hebraica.

Il nome Orsi è composto da *or, lux, lumen*, e *si*, per *sin, excellentia, elatio, quasi lumen excellentiae, lumen excellens*.

Syre è da *sir idest sarah, principiari, principium tenere*: onde Syre, *quasi soreh, principalis scilicet mundo, princeps universi*, quasi a similitudine dello Hebraico Adonai.

Il nome Alah ritengono hoggidì i Turchi: ed è dall'Hebraico *Eleoah*, o Siriaco *elah*, o pure da *el*, che è presso gli Hebrei uno de' nomi di Dio, che si interpreta forte.

Theuth agli Egiptyi non credo nome assolutamente di Dio, ma di uno speciale Iddio menzionato da Cicerone ne' libri *De natura deorum*; di che noi altrove favelleremo, dimostrando, come si debba leggere Teuth[30], che in lingua Chaldea è *ieiunus, vel incenatus*: e scrivesi in quella lingua con tre lettere.

Abdai si può interpretare *pater sufficiens, vel pater sufficientiae*, da *ab*, pater, e *dai*.

Ma scrive Macrobio, *Sat.* Lib. 2 cap. 23, che *Assirii deo, quem summum maximumque venerantur, Adad nomen dede-*

---

[30] *De natura deorum*, III, 56: "Mercurius unus Caelo patre, Die matre natus, cuius obscenius excitata natura traditur, quod aspectu Proserpinae commotus sit; alter Valentis et Phoronidis filius is, qui sub terris habetur idem Trophonius; tertius Iove tertio natus et Maia, ex quo et Penelopa Pana natum ferunt; quartus Nilo patre, quem Aegyptii nefas habent nominare; quintus, quem colunt Pheneatae, qui Argum dicitur interemisse ob eamque causam in Aegyptum profugisse atque Aegyptiis leges et litteras tradidisse: hunc Aegyptii Theyt appellant eodemque nomine anni primus mensis apud eos vocatur" ("Di un Mercurio, figlio del Cielo e della dea che impersona il giorno, la tradizione ci ha tramandato l'eccitazione sessuale provata alla vista di Proserpina. Un altro Mercurio è quel figlio di Valente e di Foronide che, quale divinità sotterranea, viene identificato con Trofonio; un terzo dio di questo nome è quello nato dal terzo Giove e da Maia e dalla cui unione con Penelope sarebbe nato Pari. Un quarto Mercurio ebbe come padre il Nilo e fa parte di quelle divinità il cui nome gli Egiziani non possono pronunciare; un quinto è quello venerato dagli abitanti di Feneo. Di lui si narra che avrebbe ucciso Argo e, in conseguenza di ciò, si sarebbe rifugiato in Egitto e avrebbe introdotto presso quel popolo le leggi e l'alfabeto: gli Egiziani lo chiamano Teuth e col suo stesso nome designano il primo mese dell'anno"). Nel cuore stesso della molteplicità dei teonimi, che l'esegeta tenta laboriosamente di districare e illuminare, si annida un *quid ineffabile*, un *numinosum* inquietante ed inafferrabile, che, al pari del Tetragramma ebraico, è quasi sacrilego nominare ("quem Aegyptii nefas habent nominare").

runt, cuius nominis interpretatio significat unus[31]. Questa interpretatione di Macrobio non è vera: altrimenti legger si dovrebbe *badad*.

Io penso che Adad, overo Hadad fusse dagli Assirii chiamano il cielo, o l'ethere, e per esso inteso il sommo de' Dei; che tale era a loro il sole: da *hadad*, e come agli Hebrei *hoded, stabilire, statuminare, firmare*: onde *hadad, firmitas, firmamentum, stabilimentum*: come il cielo è nelle sacre carte chiamato *stereoma, firmamentum*, e anco Iddio: *Firmamentum est dominus timentibus eum*[32].

E perché il buon re *stabilimentum est, et columen populi*[33]; indi da' Sirii, e Damasceni il nome di Hadad si dava al loro re: come appresso gli Egiptii il nome di Pharaon, che in Hebraico è scritto Pharehoh, da *pharah* per *hajin*, nel significato Chaldaico di *repentere, retribuere, vindicare*; onde *pherahon, compensatio, retributio, ultio*: perocché proprio è del re *iuxta merita unicuique tribuere*[34]. (…)

---

[31] Il passo dei *Saturnalia* di Macrobio (che si riferisce ad Adad, divinità mesopotamica della pioggia) si trova in realtà nel libro primo.

[32] Dal *Salmo* ventiquattresimo, 12-15: "Quis est homo qui timet Dominum? Legem statuet ei in via quam elegit. Anima eius in bonis demorabitur, et semen ipsius hereditabit terram. Firmamentum est Dominus timentibus eum, et testamentum ipsius ut manifestetur illis. Oculi mei semper ad Dominum, quoniam ipse evellet de laqueo pedes meos" ("Chi è l'uomo che teme Dio? Gli indica il cammino da seguire. Egli vivrà nella ricchezza, la sua discendenza possederà la terra. Il Signore si rivela a chi lo teme, gli fa conoscere la sua alleanza. Tengo i miei occhi rivolti al Signore, perché libera dal laccio il mio piede").

[33] Parafrasi da *Sapienza*, 6, 26: "Multitudo autem sapientium sanitas est orbis terrarum et rex sapiens populi stabilimentum est". La sapienza del sovrano è saldo fondamento per lo Stato.

[34] Secondo questa interpretazione, il Faraone, supremo garante della giustizia, avrebbe la funzione di attribuire a ciascuno ciò che gli spetta.

Finalmente il nome di Dio di tre lettere nella nostra lingua è ad imitazione della lingua Siriaca e Chaldea; che si ha non solo tetragrammato *elaha*, ma ancora trigrammato *elah*, per la significazione de' misteri sopradetti.

Ma è da notarsi, che Dio chiamasi anco da noi Iddio, coll'aggiunta della sillaba *il*, in principio della voce: la qual sillaba altro non è, che l'articolo prepositivo *il*, unito alla voce, per la quale unione avviene, che si muti la lettera l nella d, perché da questa comincia la parola, colla quale si unisce: dicendosi Iddio, quasi il dio: perché è uno, vero, e certo Dio: essendo natura, e ufficio dell'articolo prepositivo il dimostrare, o significare cosa certa.

Onde dicendo noi Iddio di quello, che è uno solo, o se dir si potesse (per usar le parole di Boezio) unissimo[35]: è come se per alcuno proprio nome lo nominassimo. Perché Attalo martire interrogato dall'Idolatri, come il nostro Dio havesse nome, leggiamo che rispondesse: *qui plures sunt, nominibus, qui unus est, non indiget nomine*[36].

E perciocché *unum, et ens* appresso i Filosofi sono termini equipollenti, e fra sé convertibili: non volle Iddio con altro nome chiamarsi, che *Iehoah*: la qual voce dell'idioma Hebraico

---

[35] Il riferimento è al *De consideratione*, 5, 16: "Non est compositus Deus: merum simplex est. Et ut liquido noveris quid simplex dicam: idem quod unum. Tam simplex Deus quam unus est. Est autem unus, et quo modo aliud nihil. Si dici possit, unissimus est". Dio è assoluta e suprema Unità, che esclude qualsiasi contaminazione.

[36] La molteplicità dei teonimi tipica del paganesimo politeista (che cercava, brancolando, di cogliere l'essenza del Divino inseguendone i riflessi nella pluralità sempre frammentaria e parziale dei suoi attributi e delle sue manifestazioni) tendeva invano alla semplicità del Nome Divino ebraico-cristiano, che identifica Dio con l'Essere, la semplicità, l'eternità, l'assolutezza, la completa e perfetta autosufficienza. Rispecchiando questo passaggio neoplatonico, plotiniano, dal Molteplice all'Uno, il linguaggio è cristallizzazione e testimonianza del cammino del pensiero che cerca di avvicinarsi all'essenza del Trascendente.

interpretasi (come habbiamo detto) *fuit qui est*; nome di Dio ineffabile appresso gli Hebrei: che era detto *Sanctum domino*, quasi nome santificato al Signore, e per eccellenza *Tetragrammaton*, quasi nome di quattro lettere: e portavasi dal Sommo Sacerdote scolpito in una lamina di purissimo oro, pendente dalla tiara sopra la di lui fronte: *Exod.* Cap. 28[37].

Conciossiaché quando Iddio mandò Mosè ambasciatore al Faraone, perché lasciasse uscire d'Egitto il popolo Israelitico, domandato egli da Mosé, qual fosse il nome suo, rispose *ehieh*, che suona in Latino *ero, vel fui, qui sum: si dixerint mihi, quod est nomen eius, quid dicam eis? Dixit Dominus ad Moisen: ego sum qui sum (ehieh).* Ait: Sic dices filiis Israel: qui est (Iehoah) misit me ad vos: Exod. Cap. 3[38].

---

[37] Libera interpretazione allegorica di *Esodo*, 28, 15 e seguenti: "Facies et uncinos ex auro, et duas catenulas ex auro purissimo sibi invicem cohaerentes, quas inseres uncinis. Quadrangulum erit et duplex: mensuram palmi habebit tam in longitudine quam in latitudine. Ponesque in eo quatuor ordines lapidum: in primo versu erit lapis sardius, et topazius, et smaragdus: in secundo carbunculus, sapphirus, et jaspis: in tertio ligurius, achates, et amethystus: in quarto chrysolithus, onychinus, et beryllus. Inclusi auro erunt per ordines suos. Habebuntque nomina filiorum Israël: duodecim nominibus cælabuntur, singuli lapides nominibus singulorum per duodecim tribus" ("Farai il pettorale del giudizio, artisticamente lavorato, di fattura uguale a quella dell'*efod*: con oro, porpora viola, porpora rossa, scarlatto e bisso ritorto. Sarà quadrato, doppio; avrà una spanna di lunghezza e una spanna di larghezza. Lo coprirai con una incastonatura di pietre preziose, disposte in quattro file. Una fila: una cornalina, un topazio e uno smeraldo: così la prima fila. La seconda fila: un turchese, uno zaffiro e un berillo. La terza fila: un giacinto, un'agata e un'ametista. La quarta fila: un crisolito, un onice e un diaspro. Saranno inserite nell'oro mediante i loro castoni. Le pietre corrisponderanno ai nomi degli Israeliti: dodici, secondo i loro nomi, e saranno incise come sigilli, ciascuna con il nome corrispondente, secondo le dodici tribù").

[38] In particolare *Esodo*, 3, 13-15: "Ait Moyses ad Deum: Ecce ego vadam ad filios Israël, et dicam eis: Deus patrum vestrorum misit me ad vos. Si dixerint mihi: Quod est nomen ejus? quid dicam eis? Dixit Deus ad Moysen:

Il qual nome afferma Giovanni Damasceno essere di tutti gli altri nomi, che si dicono di Dio, il principale. La ragione di tal nome è, perché (come dice Boezio) *Deus maxime ipse est, a quo omnium esse proficiscitur*[39].

E dicono i Teologi, che Dio ha l'essere tanto vero, assoluto, e perfetto, che il nostro essere al suo comparato, è niente.

Noi dunque dicendo Iddio, niente altro veniamo a dire per l'aggiunta e espressione dell'articolo id, che Dio vero, il dio che è. E si congiunge anco l'articolo a questa voce Dio, acciocché più stabile e ferma consoni all'orecchie: e ciò non anco senza imitazione della lingua Hebraica; la quale spesse volte preponendo a' nomi l'articolo *ha*, che i Grammatici di quella lingua chiamano segno dimostrativo, o notificativo, con essi lo congiunge, e fanne una sola voce, come *haarets* per *erets* terra, *haisch* per *isch, vir, hammajim per majim*, acqua, e simili.

Ma è da avvertire (come nota Andrea Saliceto nella sua ortografia volgare[40]) che allora si suole scrivere Iddio, quando

---

Ego sum qui sum. Ait: Sic dices filiis Israël: Qui est, misit me ad vos. Dixitque iterum Deus ad Moysen: Hæc dices filiis Israël: Dominus Deus patrum vestrorum, Deus Abraham, Deus Isaac et Deus Jacob, misit me ad vos: hoc nomen mihi est in æternum, et hoc memoriale meum in generationem et generationem" ("Mosè disse a Dio: "Ecco, io vado dagli Israeliti e dico loro: "Il Dio dei vostri padri mi ha mandato a voi". Mi diranno: "Qual è il suo nome?". E io che cosa risponderò loro?". Dio disse a Mosè: "Io sono colui che sono!". E aggiunse: "Così dirai agli Israeliti: "Io-Sono mi ha mandato a voi"". Dio disse ancora a Mosè: "Dirai agli Israeliti: "Il Signore, Dio dei vostri padri, Dio di Abramo, Dio di Isacco, Dio di Giacobbe, mi ha mandato a voi". Questo è il mio nome per sempre; questo è il titolo con cui sarò ricordato di generazione in generazione"").

[39] *Contra Eutychen*, 3. Dio è la somma e suprema Identità (*maxime Ipse*), l'Essere puro, assoluto, incondizionato, da cui procede (*proficiscitur*) ogni essere terreno. E, analogamente, il Nome divino è la Parola assoluta, intorno a cui non può che gravitare e ruotare ogni umano dire.

[40] Il riferimento è ad Andrea Salici e alle sue *Osservazioni della lingua volgare*, edite nel 1660.

alla voce dio si dà alcun attributo, o epiteto, come omnipotente Iddio, giusto Iddio. (…)

Ma perché il nome di Dio appresso Greci, e Latini manca di caso vocativo? Perché chiamiamo chi è absente: ma Iddio è presente da per tutto, vede, ode, e fa il tutto. Iddio è illocale, cioè non circoscritto, non capito da luogo alcuno.

Ma è detto esser da per tutto; perché colla sua virtù il tutto riempie, e penetra, e colla sua immensità il tutto comprende: di che egregiamente Gregorio il Magno nell'*Homilia octava in Ezechielem*.

Onde Iddio è luogo mistico e soprannaturale dell'universo: perché l'universo, e ogni sua parte in Dio si riposa, si sostenta, e si contiene: consciossiaché Iddio, in se stesso, e in Dio sono tutte le cose create: indi è quello negl'Hymni di Santa Chiesa: *Mundum pusillo continens*.

Che però Iddio nella lingua Siriaca viene ancora chiamato *makom*, cioè in lingua Hebraica luogo; vocabolo che nella propria lingua con quattro lettere si scrive.

Di qui è la voce macone, che i nostri Poeti alcuna volta mettono in bocca di Saracini, Mori, Turchi e simile altra gente, che in parte hanno linguaggio Siriaco, per far loro significare Iddio.

Ma nota che appo gli Hebrei col nome Schamajim, appo i Chaldei col nome Schemajia, appo i Greci col nome *Ouranòs*, appo i Latini col nome *Caelum* alcuna volta figurativamente vien significato Iddio, che è in cielo.

Indi è in San Matteo, cap. 21, *Baptismus Iohannis unde erat, e caelo, an ex hominibus?* E in San Luca, cap. 15, *Pater peccavi in caelum, et coram te.* E in Daniele, cap. 4, dove ha il testo Latino, *quod dominetur excelsus*; il Chaldeo ha *Schalletin Schemajia, quod dominentur caeli, id est Deus.* Così Orfeo, *ou-*

ranòn orkìzo se, id est per caelum, hoc est Deum adiuro te. E Virgilio: *Audiat haec caelum*[41].

Ma il cielo è luogo primo, e proprio, o certamente è questo in cielo, secondo i Filosofi. Onde diremo noi più tosto, che col nome *makon* intendono i Siri il cielo, e per esso Iddio.

Misura di Dio è quella che (come lo Scoto dice ne' *Quodlibeti* alla sesta questione[42]) importa l'ottima, e perfetta esistenza di Dio, dinotando l'esser puro senza principio, e fine, e per conseguente senza dipendenza, e mutazione, o successione; e l'eternità.

Onde perché nella sola divinità consiste l'esser eterno; e perché l'eternità eccede ogni termine del tempo, così iniziale, come finale; dimodoché da niun tempo possa esser contenuto.

Aeternus è voce Latina, trasportata dalla lingua Latina nella nostra Volgare, eterno: e tanto vagliono appo di noi eterno, eternità, quanto appo i Latini *aeternus, aeternitas.*

---

[41] *Eneide*, XII, 200: "Audiat haec genitor, qui foedera fulmine sancit".

[42] La *quaestio* del Doctor Subtilis citata è quella delle *Quodlibetales* in cui *Quaeritur utrum aequalitas in divinis sit relatio realis.* Essa pare essere tutta indirettamente sottesa alla riflessione di Arduino, malgrado la fugacità e la parzialità del richiamo, e la difficoltà di segnalare corrispondenze puntuali. Dio, assoluta e suprema *Aequalitas*, Uguaglianza e Identità inalterabili e ineguagliabili con se stesso, e superiori a qualsiasi possibile termine di paragone quantitativo o qualitativo, coincide con il *purum Esse*, con l'Infinito e l'Eterno, soli oggetti in cui l'Intelletto e l'Anima dell'uomo possano infine acquietarsi, e trascendentale compiutezza, trasparenza, veridicità ed univocità di espressione cui nulla si potrebbe aggiungere o togliere, e a cui dunque il linguaggio umano, nella sua transitorietà frammentata, non può che invano tendere: "Nullus intellectus, nec etiam voluntas, in aliquo obiecto perfecte quietatur, nisi sit in eo tota plenitudo primi obiecti, quanta, scilicet, compossibilis est primo obiecto; talis plenitudo primi obiecti intellectus vel voluntatis non potest esse nisi infinitas; ergo nulla potentia beatificabilis potest quietari in aliquo nisi sit infinitum; et per consequens infinitas est per se conditio obiecti quietativi, et ita beatifici".

Eterno dunque dicesi propriamente di Dio, significando chi è sempre stato, e sempre sarà; chi principio non ha avuto, e fine non havrà: ciò che è del solo Iddio. Onde il sostantivo eternità dinota l'essere senza principio, e senza fine; essa misura interminata di chi è senza principio, e fine, cioè di Dio.

Alcuni de' Poeti danno l'eternità per compagna a Dio, altri per trono, e alcuni per habitatione, giusta quello d'Isaia, cap. 57, verso 15: *haec dicit excelsus, et sublimis habitans aeternitatem*[43]. Di essa un'elegante descrittione vedi appresso Claudiano nel secondo delle lodi di Stilicone[44].

---

[43] *Isaia*, 57, 15: "Quia hæc dicit Excelsus, et Sublimis, habitans æternitatem, et sanctum nomen ejus, in excelso et in sancto habitans, et cum contrito et humili spiritu: ut vivificet spiritum humilium, et vivificet cor contritorum" ("Poiché così parla Colui ch'è l'Alto, l'eccelso, che abita l'eternità, e che ha nome 'il Santo': Io dimoro nel luogo alto e santo, ma son con colui ch'è contrito ed umile di spirito, per ravvivare lo spirito degli umili, per ravvivare il cuore dei contriti").

[44] *De consulatu Stilichonis*, II, 424 sgg.: "Est ignota procul nostraeque inpervia genti, / vix adeunda deis, annorum squalida mater, / inmensi spelunca aevi, quae tempora vasto / suppeditat revocatque sinu. Conplectitur antrum, / omnia qui placido consumit numine, serpens / perpetuumque viret squamis caudamque reductam / ore vorat tacito relegens exordia lapsu. / Vestibuli custos vultu longaeva decoro / ante fores Natura sedet, cunctisque volantes / dependent membris animae. Mansura verendus / scribit iura senex, numeros qui dividit astris / et cursus stabilesque moras, quibus omnia vivunt / ac pereunt fixis cum legibus" ("È ignota, essendo lontana e impervia per il nostro popolo, a stento accessibile per gli dei, orrida madre degli anni, la spelonca dell'immensa eternità, che fornisce i tempi dal suo vasto grembo e li richiama indietro. Cinge l'antro il serpente che divora ogni cosa con mite volere, verdeggia eternamente con le squame e divora con la bocca la coda rinnovata, ripercorrendo gli inizi con il suo silenzioso strisciare. Come custode longeva dell'ingresso, con volto dignitoso, siede davanti all'entrata la Natura e le anime volanti penzolano con tutte le membra. Scrive leggi destinate a rimanere il vecchio venerando che dispone mediante gli astri i numeri, i corsi stabili e le soste in base ai quali tutte le cose vivono e muoiono con leggi definite"). L'accostamento fra il passo di Isaia e i versi di Claudiano, in cui è rappresentato con grande solennità l'Eterno "a cui tutti li

L'eternità di Dio si diffinisce da Boezio nel lib. 6 *De consol. Philos*. Essere *interminabilis vitae tota simul et perfecta possessio*. La qual diffinizione è spiegata da Alberto in Comp. Theol. Verit. Lib. 2[45].

E questa eternità senza principio e fine, vien figurata col geroglifico d'una sfera: perché in questa non si conosce princi-

---

tempi son presenti" (e che, fra l'altro, andrebbero forse aggiunti ai vari possibili antecedenti della visione dantesca del Divino come compresenza e fusione di tutte le possibilità di esistenza nell'ultimo canto del *Paradiso*) conferma una volta di più la capacità dell'autore di fondere sapienza ebraico-cristiana e cultura classica.

[45] "Item, in quibusdam est interminabilis vitae possessio, sed tamen non tota, ut in omnibus beatis ante iudicium, quorum est beatitudo secundum partem animae, non corporis: ad quorum differentiam dicitur 'totum'. — Item, in quibusdam est "interminabilis vitae possessio tota", ut in angelis beatis ante iudicium, quia secundum totam sui substantiam habent felicem et interminabilem vitam, sed tamen non "simul", cum aliqua sit in eis successio revelationum et gaudiorum" (*Compendium Theologicae Veritatis*, I, 18). La beatitudine celeste e l'essenza del Divino rappresentano la totalità e la compresenza, e insieme il superamento, di tutti i tempi "conflati insieme", dice Dante, come fusi in una temporalità che li abbraccia e li trascende (sebbene anche nella condizione degli Angeli vi siano, come mostra proprio il *Paradiso* dantesco, una gradualità e una successione di stati e di gradi). Ed è questo assoluto, questa unità originaria e perduta che la molteplicità e la frammentarietà delle lingue (sia nelle reciproche diversità che nella limitatezza e parzialità e inadeguatezza intrinseche di ciascuna) cercano di riattingere, anche e proprio nel loro alchemico divenire e inesausto mutare, nel loro contaminarsi e trasfigurarsi l'una nell'altra. Il passo del *De Consolatione* di Boezio (in realtà V, 6) così suona: "Aeternitas igitur est interminabilis vitae tota simul et perfecta possessio, quod ex collatione temporalium clarius liquet. (...) Quod igitur interminabilis vitae plenitudinem totam pariter comprehendit ac possidet, cui neque futuri quidquam absit nec praeteriti fluxerit, id aeternum esse iure perhibetur". L'Eterno, nella sua assolutezza e nella sua trascendenza, non conosce né la fugacità del presente e del transeunte, né il vuoto e l'assenza del passato che non è più e del futuro che non è ancora. (Così, analogamente, il divenire e il mutare del linguaggio umano cercano di risalire alla purezza intemporale della Parola originaria).

pio, né fine. In questo senso da' Filosofi, e Teologi pigliasi eterno, e eternità[46].

Ma dagli Oratori, e da' Poeti anco sovente le cose, che sempre durano, e sono permanenti, e non hanno fine, ancorché habbiano havuto principio, chiamansi eterne; e eternità, la permanenza, e durabilità di quelle senza termine. E lo stesso, che *aeternus*, vale il suo composto *sempiternus*, usato anco volgarmente sempiterno.

Si compone da *semper*; e vogliono alcuni, che dicasi propriamente di Dio, come di quegli, che senza principio sempre è stato, e senza fine sempre sarà.

Ma lo cielo composto è sempre nella pura imitazione del greco *aìdios*, derivato (come affermano i Grammatici) da *aèi*, cioè *semper*: e certamente io ritrovo, che nella Sacra Scrittura Latina è preso questo aggettivo *sempiternus* per lo stesso, che anco si dice semplicemente *aeternus, hoc est perpetuus*.

È vero, che quella aggiunta di *semper* porge alla voce maggior espressione, e energia di significato. Ma donde sia detto *aeternus* appo i Latini, non è ben chiaro.

Vogliono alcuni, che sia detto *ab aethere*. E aspirano *aethernus, quasi quod aetheriam naturam habet*: altri, de' quali è Varrone, quasi *aeviternus, ab aevo*: e forse non molto errerebbe alcuno, a qualunque di queste etimologie si appigliasse: ma

---

[46] Nell'incipit dei *Geroglifici* di Orapollo, opera del quinto secolo dopo Cristo, Suzzi poteva trovare la notizia secondo cui il Sole e la Luna (in quanto datori di vita, e coinvolti in un ciclico ricorso) simboleggiavano l'eternità nella scrittura egizia. E, in effetti, il disco solare compare nei geroglifici indicanti l'eternità, *neheh*. La Sfera è simbolo dell'eternità anche nella riflessione occidentale, dai Presocratici al *Timeo* di Platone fino alla teologia e alla mistica medievali d'ispirazione neoplatonica. Con questo sia pur repentino accostamento, l'autore mostra di essere ben consapevole della convergenza, intorno ad alcuni grandi archetipi, di tradizioni culturali diverse e lontane.

o si derivi da *aether*, o da *aevum*, l'uso ha ottenuto che si scriva *aeternus* senza aspirazione.

E nella lingua Latina ha *aeternus* il dittongo *ae* nella prima: appo di noi si scrive semplicemente eterno.

Alcuni anco interpretano *aeternus, quasi extra terminos positus*, conciossiaché l'eternità non si può misurare con alcuna quantità, o spazio di tempo imaginabile.

L'eternità è da' Greci chiamata *aiòn quasi aèi òn*[47] *idest semper ens, vel existens*, come Aristotile interpreta nel primo *De caelo et mundo*: è anco chiamata *tò aìdion*, come penso, da a privativa particola, e *idio*, video; perché sia cosa all'intelletto nostro oscurissima, e impercettibile.

Onde Claudiano con ragione finge, che l'eternità di lontano habiti in una spelonca incognita, e inaccessibile alla nostra mente.

Ma veramente *aìdios* a' Greci, *aidios, aeternus*, affermerai che è voce dall'Hebraica *had*, o *hed, aeternitas, aevum*[48].

Anzi da questo medesimo vocabolo Hebraico dirai tu esser a' Latini l'aggettivo *aeternus, quasi aedernus*, come in *hodie, hodiernus*, da *heri, hesternus*, il d nel t mutato, e li *hajin* col punto *seghol*, o *pathach*, nell'*ae* dittongo, rimossa l'aspirazione: perché quello, che agli Hebrei è l'hajim, a' Siri, e Chaldei è l'aë, che ha forza di vocale senza aspirazione[49].

---

[47] Riferimento alla celebre pseudoetimologia del *De Coelo et mundo* di Aristotele.

[48] Il rinvio è a עַד, *ad*, radice legata all'idea di antichità, eternità, perennità, continuità.

[49] Il valore fonetico, o meglio fonologico, riconosciuto da Arduino al semitico *ajin*, ossia fricativa laringale sonora, è sorprendentemente affine a quello che a tale suono attribuisce la linguistica moderna. Più in generale, anche pensando al valore che egli conferisce allo *schwa* nelle comparazioni lessicali, non si esagera se si afferma che egli arrivò ad intuire o a prefigurare la teoria delle laringali.

E *had*, o *hed* viene dagli Hebrei detta l'eternità da *hanad ligare, obligare*[50], per usitata contrazione del n, perché l'eternità ogni tempo in sé liga, e contiene. (…)

Ma io penso detto *perpetuus* più tosto dall'Hebraico verbo *pathah*[51], nel significato, in che da' Sirii, e Chaldei si prende, cioè di dilatare, e estendere: onde *perpetuus, perpetui*, quasi *perpathuj, perpethuyim, perextensus, perextinsi*, e però come habbiamo detto, significa propriamente continuo, e non interrotto: onde *perpetuus annus* ha Plauto. Ovidio, primo *Metam.*: *Ad mea perpetuum deducite tempora carmen*[52].

Onde poi si disse di quello, che *ad omne tempus extenditur, idest per omne tempus durat*: e anco per eterno, che non ha fine , come nelle preci di Santa Chiesa: *et lux perpetua luceat eis*[53].

E non è punto inusitato nella lingua Latina, che si compongano da preposzioni Latine voci d'origine Hebraica. E qui la preposizione *per* significa perfezione, e totalità. Che se da origine

---

[50] Il richiamo è alla radice עָנַד, *anad*, legare.

[51] Radice (הָלַךְ,, *pathah*) effettivamente polisemica, ossia ricca di vari significati (spazio, larghezza, abbondanza, ricchezza, ma anche giovinezza, fecondità, e così pure semplicità, onde seduzione ed inganno), in ebraico.

[52] Citazione del celebre proemio delle *Metamorfosi*: "In nova fert animus mutatas dicere formas / corpora; di, coeptis (nam vos mutastis et illas) / adspirate meis primaque ab origine mundi / ad mea perpetuum deducite tempora carmen! / In nova fert animus mutatas dicere formas / corpora; di, coeptis (nam vos mutastis et illas) / adspirate meis primaque ab origine mundi / ad mea perpetuum deducite tempora carmen!" (" A narrare il mutare delle forme in corpi nuovi / mi spinge l'estro. O dei, poiché opera vostra sono queste metamorfosi, / ispirate il mio disegno, così che il canto dalle origini / del mondo si snodi ininterrotto sino ai miei giorni"). L'accostamento etimologico consente ad Arduino di cogliere come meglio non si potrebbe l'autentica sfumatura di quell'ovidiano *perpetuum*: canto stilisticamente continuo e coeso, e insieme narrazione che rinsalda, attraverso una viva ininterrotta corrente, la lontananza dei miti allo spirito del presente e della posterità.

[53] Nella preghiera per i defunti *Requiem aeternam*.

Latina vorremo dedurre *perpetuus*, diremolo più tosto da *per* e *pateo, extendor, dilator, aperior*, dall'origine dello verbo *pathah*, come altrove. (…)

Sedendo Iddio nell'antro incomparabile della sua eternità, colà nel principio creò il cielo e la terra come scrive il Divino Cronista Moisè nella Sacra Genesi.

Dove però quel *bereshit*[54], idest *en te arche* intende, non come alcuni malamente interpretano *ab aeterno*; perché l'eternità non ha principio: non nel principio; ma nel principio dell'essere temporale.

E per il cielo, intende il cielo supremo di tutti, immobile, immenso, di inesplicabile bellezza, sede di Dio, e stanza de' divini Spiriti e dell'anime beate: sopra la quale niuna altra creatura corporale fece Iddio.

E di questo cielo intendesi nella Sacra Scrittura, e nel nostro comune parlare il più delle volte, quando in numero singolare e assolutamente, nominasi il cielo: e ciò per eccellenza: e per l'essenziale presenza di Dio; come per l'esser questo il cielo de' cieli, posto sopra tutti gli altri cieli, e di tutti il maggiore (perché tutti gli altri in sé contiene) e il più bello.

Onde ben anco hebbe a dire Aristotile, che *caelum maxime appellatur corpus ultimum, superumque, in quo et universum divinum diximus esse et extra quod* (dice il medesimo nel primo *De Anima*) *non est tempus, neque locus, neque vacuum: sed sunt ibi entia impassibilia, inalterabilia, optimam vitam ducentia in toto sempiterno*[55].

---

[54] Il celeberrimo *incipit* della *Genesi*.

[55] Si allude al libro primo del *De coelo*, 279b: "Ἅμα δὲ δῆλον ὅτι οὐδὲ τόπος οὐδὲ κενὸν οὐδὲ χρόνος ἐστὶν ἔξω τοῦ οὐρανοῦ. (…) Ἔξω δὲ τοῦ οὐρανοῦ δέδεικται ὅτι οὔτ᾽ ἔστιν οὔτ᾽ ἐνδέχεται γενέσθαι σῶμα. Φανερὸν ἄρα ὅτι οὔτε τόπος οὔτε κενὸν οὔτε χρόνος ἐστὶν ἔξω. Διόπερ οὔτ᾽ ἐν τόπῳ τἀκεῖ πέφυκεν, οὔτε χρόνος αὐτὰ ποιεῖ γηράσκειν, οὐδ᾽ ἐστὶν οὐδενὸς οὐδεμία μεταβολὴ τῶν ὑπὲρ τὴν ἐξωτάτω τεταγμένων φοράν, ἀλλ᾽

Trovo, che questo cielo ha tre nomi particolari, usati anco da' nostri scrittori. Il primo, impostogli da' Theologi Christiani, è quello di *Empyreum*, Empireo, chiamato da San Paolo *lux inaccessibilis*: *Ad Tim.*, 6[56].

La qual voce è Greca, e si interpreta Latinamente *igneum*, overo *ignitum*, cioè di fuoco, o infuocato, per cagione dell'immensa luce, che in quello si trova: essendo questo (come habbiamo detto) seggio dell'altissimo Iddio: di che divinamente cantando il Tasso canto 9 dice: *Quivi ei così nel suo splendor s'involve, Che v'abbaglian la vista anco i più degni*[57]; e, più di sotto, *Passa il foco e la luce, ove i beati Hanno lor gloriosa immobil sede*: e noi sappiamo che Aristo-

---

ἀναλλοίωτα καὶ ἀπαθῆ τὴν ἀρίστην ἔχοντα ζωὴν καὶ τὴν αὐταρκεστάτην διατελεῖ τὸν ἅπαντα αἰῶνα". Al di fuori del cielo non vi sono luogo né vuoto, dunque né movimento né tempo, che del moto e del divenire è la misura; e gli enti sovracelesti che là dimorano sono del tutto immuni da qualsiasi moto o mutamento, e vivono per tutta l'eternità la vita più eccelsa e più autonoma (*tèn arìsten zoèn kài tèn autarkestàten*).

[56] Si allude alla *Prima Lettera a Timoteo*, 6, 13 sgg.: "Praecipio tibi coram Deo, qui vivificat omnia, et Christo Iesu, qui testimonium reddidit sub Pontio Pilato bonam confessionem, ut serves mandatum sine macula irreprehensibile usque in adventum Domini nostri Iesu Christi, quem suis temporibus ostendet beatus et solus potens, Rex regnantium et Dominus dominantium, qui solus habet immortalitatem, lucem habitans inaccessibilem, quem vidit nullus hominum nec videre potest; cui honor et imperium sempiternum". Passo in cui è ritratta quella luce misteriosa ed ineffabile che pervaderà l'esperienza mistica del *Paradiso* di Dante.

[57] Versi, tutti trapunti di echi del *Paradiso* dantesco, del primo canto della *Gerusalemme liberata* (ottave 56-57), nei quali è ritratta l'immobile ed immutabile gioia, una e molteplice, della beatitudine celeste: "E della eternità nel trono augusto / Risplendea con tre lumi in una luce. / Ha sotto i piedi il Fato e la Natura, / Ministri umili, e 'l moto, e chi 'l misura; / E 'l loco, e quella che qual fumo o polve / La gloria di qua giuso e l'oro e i regni, / Come piace là su, disperde e volve: / Né, Diva, cura i nostri umani sdegni. / Quivi ei così nel suo splendor s'involve, / Che v'abbaglian la vista anco i più degni; / D'intorno ha innumerabili immortali / Disegualmente in lor letizia eguali".

tele nel 5. *Topic.* Cap. 2 chiaramente accenna esser la luce specie di fuoco[58].

E quantunque sia questo nome *Empireo*, propriamente aggettivo; nella nostra lingua nondimeno usasi come sostantivo: sebbene anco talvolta aggettivamente l'usurpiamo, come si dice empirei scanni, cioè dell'empieo. Dante: *Nell'empireo ciel per padre eletto*[59].

Lo altro nome è *Olympus*, Olimpo, impostogli dagli antichissimi Poeti e Theologi de' Gentili.

I quali, sebbene non habbiano cognizione del vero Iddio, né del cielo Empireo, quale noi habbiamo: credevano nondimeno ritrovarsi un fuoco sublimissimo, e sopra tutti i cieli collocato, dove Giove e gli altri dei havessero la stanza e l'habitatione loro.

Gli antichi, fino al tempo di Aristotele, non hebbero cognitione, che di otto cieli, cioè de' sette pianeti, e dell'ottava sfera: la quale fu da loro detta *aplanès*, cioè non cangiante, o inerrante.

Fuori della quale credevano non essere, né poter esser corpo, o lutto, e adesso, e tempo alcuno, né per conseguenza, alterazione, o passione alcuna. Onde sopra questa sfera ponevano la sede e l'habitazione de' Dei, e dell'anime buone dopo morte:

---

[58] Allusione a *Topica*, 134b: "οὐ γὰρ ἔστιν ἓν εἶδος τοῦ πυρός· ἕτερον γάρ ἐστι τῷ εἴδει ἄνθραξ καὶ φλὸξ καὶ φῶς, ἕκαστον αὐτῶν πῦρ ὄν". Fiamma e luce sono entrambe emanazioni, manifestazioni, del fuoco. L'alchimia retorica del linguaggio è specchio della multiformità e della proteiformità della Natura; e l'uno e l'altra sono pervasi e animati da una analoga energia. Carbone, fiamma e luce differiscono per parvenza, ma tutti e tre sono fuoco. Ad esempi analoghi ricorrerà la teologia (ad esempio Agostino nel *De Trinitate*) per tentare di rischiarare il mistero del Dio uno e trino.

[59] *Inferno*, II, 20-21: "Ch'e' fu de l'alma Roma e di suo impero / Ne l'empireo ciel per padre eletto" (versi che alludono ad Enea e alla sua missione provvidenziale legata alla fondazione dell'Impero, culla della Cristianità).

chiamandola con nome proprio *Olympos*, cioè Olimpo: la qual voce interpreta Aristotele detta, quasi *hololampès*, *idest totus lucidus vel totus lucens*, per l'infinità delle stelle che in esso rilucono[60]. (…)

Or sappi, che veramente da lingua Siriaca o Hebraica è questo nome *Olympus*, cioè dal verbo *halaph*, in *hiphil heleliph*, *tegere, obtegere, operire, involvere*.

Olympus, quasi dicasi *obtegens, involvens*, onde *Olympus, caelum, tamquam amictus, mundi ambitus*, e come dice Damasceno, *continentia visibilium, et invisibilium creaturarum*.

Che perciò ànno i Latini *caelum*, o *coelum*, dall'Hebraico verbo *eul*[61], *capere, continere, complere, quasi calah quod capit aut complectit*; o da *cala, claudere, continere, quasi colah, quod claudit, vel continet*; Parimente *Olympus, caput hominis, quod cerebrum ambias: item fossa pomerii, quod mediam aream undique saepiat*: e finalmente *Olympus,* il monte maggiore di ciascuna regione, che da un'altra la divida, *quod regionem claudat.*

---

[60] Il riferimento è al *De mundo* (399b29– 400a7), trattato cosmologico oggi ritenuto spurio. Questa la libera ma elegantissima versione che del passo dava Apuleio: "Huius locum si quaerimus, neque finitimus est terrae contagionibus nec tamen medius in aere turbido, verum in mundano fastigio, quem Graeci ouranon recte vocant, ut qui sit altitudinis finis. Olympon etiam idem illa ratione eum nominant, quem ab omni fuscitate ac perturbatione vident liberum. Neque enim caliginem nubium recipit vel pruinas et nives sustinet nec pulsatur ventis nec imbribus caeditur". La limpidezza, il nitore e il fulgore dei luoghi in cui abita il Divino sono specchio dell'eterna imperturbabile perfezione (immune dal fluire del tempo e dai turbamenti dei fenomeni atmosferici, immersi nel dominio del divenire) che lo avvolge.

[61] Il riferimento (con traslitterazione imperfetta) sarà alla radice כּוּל (kuwl), la cui suggestiva gamma di significati spazia da misurare e calcolare a sostenere, nutrire, contenere, perdurare.

Onde dalla medesima origine di *halaph*[62], il nome *Alpes*, o come a' Greci *olpa, vel olpes, quasi tegentes, involventes regionem*: come appunto disse Virgilio: *Ossae frondosum involvere Olympum*[63].

E il Sannazaro: *Nubifera quam praeruptis anfractibus Alpes Praecingunt*[64]. (…)

Col cielo Empireo creò insieme il grande Iddio, numero infinito di spiriti intellettuali, che a lui dovessero servire, come suoi ministri, e effettivi del suo divino volere.

Li Theologi Christiani, pigliando dagli Hebrei, o per dir meglio dalla Sacra Scrittura, chiamarono questi Spiriti, Angeli: che è nome d'officio, o dignità. Imperocché *Angelus* è voce Greca, la quale dinota volgarmente nuncio, messaggero, ambasciatore.

Conciossiaché Iddio servasi di questi molte volte, per mandarli in terra ad eseguire gli altissimi decreti della sua Divina mente, o a communicargli, o fargli sapere agli huomini.

Onde nel Salmo 103, *Qui facis angelos tuos spiritus et ministros tuos ignem urentem.* E San Paulo ad Hebr. 2: *Nonne omnes administratores Spiritus in ministerium missi propter eos, qui hereditatem capiunt salutis*, e nel Vecchio Testamento, dovunque è di questi fatti menzione, tradussero i Settanta Interpreti

---

[62] Richiamo alla radice כּוּלְעָלַף, 'âlaph, aw-laf', essere coperto, velarsi, dissimulare la propria identità, ma anche giacere, languire. Alla radice è legato עוֹלָם, *olam*, antichità, eternità, permanenza. La Divinità, in quanto fondamento dell'Essere, e perciò sostrato celato alla luce e alla vista, non apparente alla superficie: *deus absconditus*.

[63] *Georgiche*, I, 282.

[64] Da una vasta perifrasi geografica indicante l'Italia nel secondo libro del *De partu Virginis*. Significativo come Arduino cogliesse la continuità fra Classicità e Rinascenza, e trovasse nella seconda non meno che nella prima i riflessi dei grandi archetipi; i quali, ai suoi occhi, trasparivano e risplendevano con particolare nitore nelle parole ebraiche.

l'Hebraica voce *malechim*[65], colla quale ivi sono chiamati, nella Greca Angeli serbando la proprietà e il significato del nome Hebraico, perocché *maleach* in Hebraico significa quello stesso, che appo i Greci *anghelos, angelos*, appo i Latini *nuncius*, e in lingua Persiana *angaros*, o *agaros*, o *agarros*[66].

La voce *maleach* vogliono che sia da *melachah*[67], *opus, functio*, dalla funzione, che gli viene imposta da eseguire. Altri formano il thema *laach, quasi pro laah, laborare.*

Onde avvenne che la voce Persiana *angaro* o *agaro* si prendesse da' Greci per chi fatica nell'altrui servitù, e massime per coloro, che faticano in portar pesi.

Quindi anco nella volgar lingua i nunzii, o i messaggeri de' Principi, si dicono ambasciatori, dalla voce *ambahia* nel significato di grande fatica e sollecitudine d'animo.

Ma si deve avvertire che quantunque gli Hebrei formino il thema, o sia radice, *laach*; dalla quale essi vogliono derivi il nome di *maleach*: tutto ciò però è una loro imaginazione senza fondamento.

Conciossiaché il vero thema, e la vera radice di tal nome è il verbo *halach*[68], *ire, ambulare*, in *highih, hehehich*, ovvero in *aphel* Chaldaico *ahelech, ire facere*, e semplicemente come in *kal, ire, ambulare.*

Onde *il benomi mahlech, ire faciens ambulans*, e *il pehil mahlaeh, ire factus.* Indi per metathesi posposta alla lettera l la lettera he nell'*aleph* mutata, *malach, ire factus*, quasi *milhis, melho*, messaggio.

---

[65] Ebraico מַלְאָךְ, malak, messaggero, ma anche sacerdote, nunzio, profeta.

[66] L'accostamento (confermato dalla linguistica moderna) rientra fra quelli che fanno di Arduino un geniale precursore del riconoscimento dell'unità linguistica indoeuropea.

[67] מְלָאכָה, melakah, lavoro, funzione, occupazione, ma anche rito religioso.

[68] Verbo (הָלַךְ, modernamente traslitterato *halak*) indicante l'andare, l'entrare, ma anche lo scorrere delle acque e la continuità e la costanza temporali.

E scrivesi questa voce con quattro lettere, *mem, lamed, aleph, caph*, delle quali il *lamed* tiene il punto scheva, che alcuni hanno mobile, d'onde pronunciando malech, altri muto o quiescente[69], *malach, nuncius, legatus, angelus*. Tale dunque è la vera etimologia di questa voce. (…)

Simbolo anco della purità è il giglio, e specialmente il bianco della verginità. E il giglio ha sei foglie nel suo fiore. Onde dal numero senario delle sue foglie in Hebraico è detto *schuschan*, da *seheseh, sex*.

Appartiene anco al fuoco il numero senario. Perché il fuoco è purissimo elemento, e ha virtù massimamente purgativa, per la sua sottigliezza.

Inoltre perché è aggregativo delle sue particole: e però è simbolo dell'amore e carità, che unisce gli animi: ma simbolo d'unione è anco il numero senario. E per queste cagioni a' Seraphini ardenti sei ale sono attribuite.

A' Serafini dunque l'ignea purità degli animi, e l'ardente carità verso Dio e il prossimo, vien riferita.

Onde per queste due cose il Filosofo Francesco d'Albizzi meritò il cognome di Serafico. Li nomi degli altri sette così Angelici, come Latini, hanno questa significazione.

Ma quali siano le ragioni di cotali nomi, lasceremo da vederli appresso Dionisio Areopagita Filosofo Atheniese, convertitosi alla Christiana religione dall'Apostolo S. Paulo. Il quale della celeste Hierarchia, e de' Divini Nomi, divinamente scrisse. Il

---

[69] Qui Arduino intuisce, genialmente (come abbiamo visto per l'*ajin*), la diversità di possibili esiti fonetici dello *schwa* semitico, e dunque il nucleo della teoria delle laringali, suoni consonantici (o "coefficienti sonantici", *coefficients sonantiques*, come li chiamò de Saussure) impliciti nelle radici prime del linguaggio, e che possono avere avuto esiti vocalici differenti, o in alcuni casi non essersi manifestati, ed essere rimasti dissolti nella pura virtualità della lingua originaria, salvo ripercuotersi, di riflesso, sui suoni contigui, alterandoli.

che tutto credesi haver egli imparato dal suo Maestro S. Paulo, come da quegli, che rapito estaticamente in cielo, vidde, e conobbe l'alte cose secrete della magione di Dio[70].

E se bene Lorenzo Valla primieramente, e poscia alcuni Heretici hanno tentato di mostrare, che quelle opere non sono vere di Dionisio Areopagita, ma pseudographe, suppositizie: non sono però mancati huomini dotti, che sonsi sforzati difendere con evidenti ragioni il contrario, e provare, che quelle opere sono genuine dell'Areopagita, e da annoverarsi fra le hagiographe: de' quali uno è il Lorenzo Cozza, che di ciò ultimamente ha fatto un peculiare trattato[71].

Questo nome dunque Angelo può essere generale, o speciale. Generalmente preso, predica di tutti li santi Spiriti de' nove Chori, secondo la diffinizione di Dionisio nel lib. *De Divin. Nomin.*, proprio e specialmente preso, intendesi da' Theologi de' spiriti solamente, che compongono l'ultimo Choro della terza Gerarchia, che sono gli infimi di tutti.

Da' quali quegli che a loro immediatamente precedono, che constituiscono l'ottavo Choro, sono detti Archangeli, quasi *Summi Nuncii,* overo *Principes Angelorum*: mentre *archos*, in Greco, suona latinamente *Princeps*.

---

[70] Allusione all'esperienza mistica narrata da San Paolo nella *Seconda Lettera ai Corinzi* (12, 2-4) e fra gli antecedenti dell'esperienza dantesca: "Scio hominem in Christo ante annos quattuordecim — sive in corpore nescio, sive extra corpus nescio, Deus scit — raptum eiusmodi usque ad tertium caelum. Et scio huiusmodi hominem — sive in corpore sive extra corpus nescio, Deus scit — quoniam raptus est in paradisum et audivit arcana verba, quae non licet homini loqui" ("So che un uomo, in Cristo, quattordici anni fa – se con il corpo o fuori del corpo non lo so, lo sa Dio – fu rapito fino al terzo cielo. E so che quest'uomo – se con il corpo o senza corpo non lo so, lo sa Dio – fu rapito in paradiso e udì parole indicibili che non è lecito ad alcuno pronunciare").

[71] Il riferimento è alle *Vindiciae Areopagiticae*, date alle stampe nel 1702.

Perché dicono che *Archangeli maiora nunciant, Angeli minora*. Vedi l'accennato Autore, S. Tomaso, e altri. Questi che peculiarmente si dicono Angeli, sono ancora chiamati nella Sacra Scrittura *Rectores, Principes, et Domini. Rectores* come nell'*Ecclesias. posuit rectores*. Ove la Glossa interpreta *Rectores, idest Angelos*.

Però che gli Angeli reggono, governano, custodiscono gli huomini, le speci degli animali; reggono le province, i regni, le città; reggono gli elementi; reggono finalmente i cieli, e i pianeti.

E sì come gli Angeli buoni reggono le buone menti degli uomini; così i cattivi, le cattive; detti perciò da San Paulo *mundi rectores tenebrarum harum*, Angeli delle tenebre mondane, cioè degli huomini mondani e pravi[72]. (...)

Al nome Harmagedon si danno varie interpretazioni: ma la vera esposizione è questa di *sagena superbiae*: nella quale Lucifero congrega in battaglia i re della terra.

Imperocché come si dice in *Iob.* 41. *Ipse rex est per omnes filios superbiae*. Egli superbissimo fu dato da Dio in perdizione della propria superbia, che li sterminò dal cielo: e divenne

---

[72] Questo riferimento all'*Epistola agli Efesini*, 6, 11-13 ("Induite vos armaturam Dei, ut possitis stare adversus insidias diaboli: quoniam non est nobis colluctatio adversus carnem et sanguinem, sed adversus principes, et potestates, adversus mundi rectores tenebrarum harum, contra spiritualia nequitiæ, in cælestibus. Propterea accipite armaturam Dei, ut possitis resistere in die malo, et in omnibus perfecti stare": passo in cui si esortano i fedeli a non distogliere lo sguardo dalle verità eterne, e a non lasciarsi invischiare dalle insidie terrene tese loro dai "Principi di queste Tenebre") è ben consono allo spirito di Arduino, che, nella sua unica, sparuta opera in versi, i *Disticha moralia*, del 1729, vedeva proprio nella purezza degli affetti terreni una prefigurazione, tenue ma tersa (quasi come nel suo amato Petrarca: "poi ch'avrà ripreso il suo bel velo, / se fu beato chi la vide in terra, / or che fia dunque a rivederla in cielo?"), dell'armonia celeste: "Si nihil in terra casto perhibetur amore / Dulcius: in caelo qualis amicitia?".

prencipe de' superbi, autore di superbia, radice di ogni male: che altro non è, che fumo da Lucifero suscitato nelle menti humane.

Per lo che viene egli chiamato anco esterminatore: conciossiaché principale cagione della ruina e sterminio dell'huomo è la superbia, da Dio talmente abominata, che di lui si dice esser proprio *exaltare humiles, et deprimere et disperdere superbos.* Leggi nell'*Ecclesiastico* al cap. 10, et come per lo fumo metaforicamente s'intenda la superbia, altrove dimostraremo.

Harmagedon dunque è nome composto da *cherem*[73] et in emphatico Siriaco *charma, anathema,* item *sagena,* et *zadon,* et Siriacamente *zedon,* superbia, quasi Charmagedon. Indi passando il *cheth* in aspiratione Greca, e il z nel g (come in altri vedremo esser fatto), Harmagedon.

Ben dunque *sagena superbiae* il luogo, dove il Dragone infernale congregherà in battaglia i re della terra, cioè gli empii e apostati re contra i seguaci di Christo. Perché *cunctis diebus suis impius superbit. Iob.* 13. *Et initium superbiae hominis apostatare a Deo. Ecclesiast.* 10.

Ma con mistero Harmagedon, *sagena superbiae,* cotal luogo: quando la rete è simbolo di desolazione. Et però in Hebraico *cherem* la rete, con voce di *charam, hecherim, anasthemati, interfectioni, perditioni cadere, disperdere:* ancorché si convenga questo nome Hermagedon con quello di Khaddon et Apollon dell'Angelo di Abisso re delle bocche d'Inferno: però che *sedes ducum superborum destruxit deus. Radices gentium superborum arefecit Deus. Memoriam superborum perdidit Deus. Eccesiast.* 10.

---

[73] Della radice חֶרֶם, *cherem,* l'autore coglie l'ambiguità inquietante (oltre al senso letterale e primario, cioè rete, latino *sagina,* anche consacrazione, ma così pure maledizione e distruzione).

Ma oltra di ciò Lucifero e gli altri spiriti dannati hanno anco più di un nome speciale: et primieramente quello di Satan o Satanas in lingua Hebraica, che s'interpreta inimico, avversario.

Il quale nome passato dalla Sacra Scrittura nell'uso della nostra lingua, e in essa pronunciato Satanno, et Satanasso, et anco Satano. Et è questo nome Satan dal verbo *satan, adversari, odio habere*. (…)

Ovidio, lib. 2 de' *Fasti*[74] afferma, che Evandro trasferì seco d'Arcadia in Italia i silvestri numi: ove racconta, per qual cagione ne' sacrifici Lupercali, instituiti in honore di questi Iddii, i sacerdoti vadano nudi, e recita una graziosa, o sia favola, o sia historia, della lascivia e protervia d'uno di questi Fauni o Pani, innamorato di Omfale Lidia concubina di Hercole.

Certamente appresso i Greci è tenuto Mercurio il terzo, che fu figliuolo di Giove e di Maia, haver in Arcadia generato dalla ninfa Penelope i Pani o Satiri, per esser egli stato primo inventore della superstitione verso di quelli.

Ma Homero dice, che Mercurio generò Pane, e non i Pani: perché tutti sotto un medesimo nome venivano invocati, e sotto il medesimo simolacro e collo tesso culto venerati.

Oltre a ciò Homero intende con fisica allegoria per Pane la natura, che è una sola. Così Pane è dio della natura, come intende Homero, e come si dice, ch'egli sia la natura.

E piace in questo luogo tutto ciò dichiarare, per maggiore intelligenza di molti poetici figmenti; de' quali i sensi historici,

---

[74] "Transtulit Euander silvestria numina secum: / hic, ubi nunc urbs est, tum locus urbis erat. / Inde deum colimus devectaque sacra Pelasgis: / flamen ad haec prisco more Dialis erat. / cur igitur currant, et cur (sic currere mos est) / nuda ferant posita corpora veste, rogas? / ipse deus velox discurrere gaudet in altis / montibus, et subitas concipit ipse fugas: / ipse deus nudus nudos iubet ire ministros; / nec satis ad cursus commoda vestis erit" (*Fasti*, II, 279 sgg.).

topologici, fisici, e mistici e anagogici siamo per ispiegare in tutta questa opera[75].

Bisogna dunque avvertire, che l'antica Gentilità credeva, che ciascuna specie delle cose create havesse un particolare nume o deità, da cui fosse retta, governata e custodita: e diede a queste credute deità quei nomi, che le parvero convenirle secondo le proprietà sue o delle cose, di cui erano numi[76].

Onde disse Saturno esser dio del tempo, Nettuno del mare, Plutone dell'Inferno, Api della terra, Giunone dell'aria, Vulcano del fuoco, Apollo del sole, Diana della luna: et così a ciascuno altro Pianeta e sfera celeste attribuì il suo dio. Et di ciascuna cosa, alla quale alcun Pianeta inclinava, disse nume il dio di quel Pianeta.

Onde dio della medicina predicò Apollo, della guerra Marte, dell'eloquenza Mercurio, dea degli Amori Venere, e così discorrendo degli altri teneva le Muse per dee del canto e della Poesia, Minerva per dea della Sapienza, Cerere per dea dell'agricoltura e delle biade, Bacco per dio del vino e dell'allegrezza, le Ninfe per dee delle sotterranee humidità e dell'acque sorgenti.

---

[75] Qui Arduino si rifà all'interpretazione allegorica (che al senso letterale, al significato primario, aggiunge e sovrappone, scrutando *sub velamine* e *sub tegmine*, altri livelli, allegorico, morale, anagogico), presente in Dante (ma già in età tardoantica, dal *De Antro Nympharum* di Porfirio a Macrobio) e ripresa in àmbito preumanistico ed umanistico, dal Boccaccio delle *Genealogie* alle interpretazioni del *Bucolicum Carmen* di Petrarca fornite dallo stesso autore fino al Salutati del *De laboribus Herculis*.

[76] Qui l'autore, se da un lato si richiama alla tradizione stoica dell'interpretazione allegorica, in chiave prevalentemente naturalistica, delle divinità classiche, dall'altro anticipa la teoria vichiana degli universali fantastici o addirittura, più nello specifico, l'idea (che sarà di Usener e poi di Cassirer) della genesi degli archetipi del pensiero e del linguaggio racchiusi nei nomi delle Divinità (E. CASSIRER, *Linguaggio e mito. Un contributo al problema dei nomi degli dei*, SE, Milano 2014).

Et altri haveva altri dei sopra altre cose. Et sopra tutti questi dei credeva esser un altro Iddio universale Signore di tutti, padre e moderatore del tutto, che chiamò Giove.

Molti degli antichi sapienti, che hebbero qualche lume et cognitione della verità, quali furono quegli, che rammenta Dante, canto 4 Inf.[77], non credevano, che fossero tanti dei, ma che fosse un solo Iddio creatore e rettore del tutto.

Et quando gli altri chiamano dei, ciò è secondo la commune opinione del volgo: ma per quegli intesero le virtù, forze et qualità di quelle cose, di cui erano creduti dei.

Ma volendo trattare e celebrare le cose arcane della natura e di Dio, non parvegli di dover ciò fare con termini troppo volgari e da ognuno intesi. Onde le trattarono sotto oscuri velami di misteriose finzioni[78]: con le quali hebbero anco la mira a dilettare.

Et quindi fra gli altri, più frequentemente usarono questo modo di parlare allegorico, e li nomi degli dei presero, per significare quelle cose, di cui erano stimati dei: intendendo, con nominare, sotto l'appellationi de' dei, le virtù e proprietà di quelle. (…)

Della Lamia fa menzione Isaia nel cap. 34 dove predicendo la desolazione dell'Idumea dice: *Et orientur in domibus eius spinae, urticae et paliurus in munitionibus eius; et erit cubile draconum et pascua struthionum. Et occurrent hyaenae thoibus, et*

---

[77] Si allude al Limbo dantesco, in cui si trovano gli "spiriti magni", che intuirono qualche frammento della verità senza però poter cogliere la piena luce apportata solo dalla Rivelazione cristiana: ambiguità, questa, sintetizzata dall'emblema della sfera di fuoco "ch'empiserio di tenebre vincìa", forse vittorioso su quelle tenebre, forse da esse sopraffatto.

[78] Eco dantesca, sempre riferita alla visione allegorica: "O voi ch'avete li 'ntelletti sani, / mirate la dottrina che s'asconde / sotto 'l velame de li versi strani" (*Inferno*, IX, 61-63).

pilosus clamat ad amicum suum; ibi cubat Lamia et invenit sibi requiem[79].

Quella, che qui chiama Lamia, di sopra, nel cap. 13, dove predice la distruzione di Babilonia, aveva chiamato Sirena, mentre dice: *Sed requiescent ibi bestiae et replebuntur domus eorum draconibus et habitabunt ibi strutiones et pilosi saltabunt ibi et respondebunt ibi ululae in aedibus eius et Sirenae in delubris voluptatis*[80].

Ove per le Sirene non intende già quegli uccelli in India, che col canto allettavano gli huomini, e addormentati li divoravano, dei quali fa menzione Plinio, lib. 10, cap. 44[81], ma intende bensì le larve, figurazioni di demonii in forma di donne: quali erano le Sirene e le ninfe.

Nel primo luogo predetto d'Isaia ha il testo Hebraico *lilieh*, che alcuni interpretano Strige, forse da *helid, eiulare*[82]; nel secondo luogo ha *iehenah*, o *iehanah*, che spiegano alcuni ehulam da hanah nel significato di clamare.

Ma Strige in un significato è la medesima della Lamia, di cui noi qui ragioniamo. Ma è da considerarsi, donde le larve ninfali fossero da' Latini chiamate Lamie. Pare dunque, in prima, che

---

[79] Nei suoi palazzi saliranno le spine, ortiche e cardi sulle sue fortezze; diventerà una tana di sciacalli, un recinto per gli struzzi. Gatti selvatici si incontreranno con iene, i satiri si chiameranno l'un l'altro; vi faranno sosta anche le civette e vi troveranno tranquilla dimora.

[80] "Ma vi si stabiliranno gli animali del deserto, i gufi riempiranno le loro case, vi faranno dimora gli struzzi, vi danzeranno i sàtiri. Ululeranno le iene nei loro palazzi, gli sciacalli nei loro edifici lussuosi".

[81] *Naturalis historia*, X, 70, 136: "Nec Sirenes impetraverint fidem, adfirmet licet Dinon, Clitarchi celebrati auctoris pater, in India esse mulcerique earum cantu quos gravatos somno lacerent" ("Né potrebbero ottenere credito le Sirene, sebbene Dinone, padre del celebre autore Clitarco, affermi che esistano in India, e che vengano stregati da loro canto coloro che poi, oppressi dal sonno, esse sbranano").

[82] Si tratta della radice יְלַל, *yalal*, gridare.

talmente fossero dette, quasi *lamurài*[83], cioè splendide, per lo splendore e nitidezza, con che apparivano; ovvero audaci, per l'audacità loro demonica. (…)

Li Penati si adoravano in Roma, nel tempio della dea Vesta, nel fuoco inestinto, che in quel tempio si conservava dalle vergini Vestali; in cui erano creduti habitare i Penati: sotto che tal misterio si nasconde.

Per Vesta vien significata la terra: e però il suo tempio era rotondo, a intendere la rotondezza della terra. Ovidio 6. de' Fasti. *Vesta eadem est et terra.* E più di sotto, *Tellus Vestaque numen idem est.*

Detta è Terra (come egli interpreta) *quod vi sua stet*; o (come io penso) *quod herbis et arboribus vestiatur*; o (come i più vogliono) dal Greco *hestìa*; o (come io penso) l'uno e l'altro dall'Hebraico verbo *hassah, claudere, quasi hasse*, secondo il Chaldaico, *clausa*, l'*hajin* nell'*u* ovvero come a' Greci, nell'aspiratione mutato, et il *pathach* nell'*epsilon*: *quod terra caelo clausa sit undique*; di che noi apertamente diciamo Hestia e Vesta dall'altro Hebraico verbo *huteh, coire, congregari.*

Per lo fuoco si dinota che il fuoco sia rinchiuso et ha la sua sede in terra: che perciò anco Vesta è detta dea del fuoco, e per quello alcuna volta presa. Onde Servio Vesta (dice) *dea ignis, quae terra est.*

Imperocché i Pitagorici ponevano il fuoco in mezzo del mondo, et la terra per modo di un astro intorno al fuoco: la quale opinione è mentovata e rigettata da Aristotile lib. 2 *De coelo et mundo.*

Per li Penati poi, che in quel fuoco si adoravano, ci vengono dimostrate l'anime separate da' corpi, che per la bontà et virtù, sono passate per apotheosi nel numero de' dei, perciocché han-

---

[83] L'associazione fra *lamyròs* e Lamia si trova anche, *ad vocem*, nel *Dictionnaire étymologique* dello Chantraine.

no per l'habitatione il sommo ardore dell'ethere o fuoco celeste: a cui sono state inalzate dalla virtù, che in questa vita pos-
sedevano: la quale è di natura di fuoco: onde da Virgilio è detta
ardens virtus, da Lucano *ignea virtus*, da Silio *mens ignea*[84].

Fisicamente significano ancora Vesta, il fuoco e i Penati, tutta
la composizione dell'huomo. Per Vesta vien dinotato il corpo,
che è terreno; per lo fuoco il calor naturale; onde Virgilio:
Igneus est ollis vigor[85]: per i Penati l'anime nostre, che stanno
unite al fuoco del calor naturale, in cui la vita consiste. (...)

---

[84] Suggestivo ed erudito richiamo incrociato e sovrapposto a tre passi in cui
viene evocata, con toni vicini alla filosofia platonica e stoica, la sfera ultra-
terrena, in cui dimorano, sciolti dal corpo e dal tempo, i puri spiriti. Proprio
a tale immaterialità e levità è associato l'archetipo del fuoco inestinguibile
legato al culto di Vesta. Virgilio, *Eneide*, VI, 128: sgg.: "Sed revocare gra-
dum superasque evadere ad auras, / hoc opus, hic labor est. Pauci, quos ae-
quus amavit / Iuppiter, aut ardens evexit ad aethera virtus, / dis geniti potue-
re" ("Ma risalire la china e tornare alla luce /questa è l'impresa, questa la
fatica. / Pochi, che il giusto Giove amò, / o che l'ardente virtù elevò al cielo,
/ nati da dei, vi riuscirono"); Lucano, *Bellum civile*, IX, 5 sgg.: "Qua niger
astriferis connectitur axibus aer / quodque patet terras inter lunaeque mea-
tus, / semidei manes habitant, quos ignea virtus / innocuos vita patientes
aetheris imi / fecit, et aeternos animam collegit in orbes" ("Là, dove la nera
aria si unisce alle sfere celesti / e si dischiude lo spazio   fra la terra e i giri
della luna, / abitano i semidivini spiriti che la forza del fuoco / rese puri di
vita, nel profondo etere immersi, / e ne accolse l'anima nelle orbite eterne");
Silio Italico, *Punica*, III, 134 sgg.: "Et pace et bello cunctis stat terminus
aevi, / extremumque diem primus tulit; ire per ora / nomen in aeternum pau-
cis mens ignea donat, / quos pater aetheriis caelestum destinat oris" ("E in
pace e in guerra per tutti sta fisso il termine del tempo, / e il primo giorno
all'ultimo conduce; / a pochi l'ardente intelletto concede che il loro nome si
spanda nel mondo, / e costoro il Padre destina / alle dimore eteree dei Celesti").

[85]*Eneide*, VI, 730 sgg.: "Igneus est ollis vigor et caelestis origo / seminibus,
quantum non noxia corpora tardant / terrenique hebetant artus moribunda-
que membra / hinc metuunt cupiuntque, dolent gaudentque, neque auras /
dispiciunt clausae tenebris et carcere caeco" ("Tali semi hanno vigore igneo
ed origine celeste, fin quando non li ritardino i corpi nocivi e li inebetiscano

Questo spirito, che ogni cosa del mondo connette, si disse da Temistio e Filone natura superiore o generante. E disse egli[86] che da Empedocle fosse chiamato *sphaira*, *sphaera*. Il qual nome ha origine dall'Hebraico verbo *haphar*, in hiphel quasi *mahaphar*, *volare factus*, levati gli incrementi, e il *hadi* nel s mutato, e il punto nell'a dittongo, *asphar*, *sphaeros*, *quod volare sit factus*; quasi *masphel*, col He chaldaico, *hespher*, *sphaeros*, convertito il He, cioè l'è lungo, in *ae*: *quod mundum volare faciat*: come disse Manilio, lib. I Astron., *sic mundus et ipse in convexa volans*[87].

---

organi di terra e membra che devono morire. Perciò temono e vogliono, soffrono e godono, ma non vedono i cieli, chiuse in tenebre e carcere cieco").

[86] Il riferimento, abbastanza vago, è forse al commento di Temistio al *De Anima* di Aristotele e al filoniano *De providentia*, II, 60-61. La potente immagine empedoclea dello Sfero, manifestazione della compiutezza e dell'autosufficienza divine che vengono alterate e smembrate dalla forza dell'Odio, di *Neikos*, si trova invero nei frammenti oggi indicati come D-K 31 B 19, 28 e 31: Amore, nella sua compiutezza suprema, nella sua perfetta quiete, è lo Sfero (Σφαῖρος), immobile, pari a sé stesso, illimitato (ἀλλ' ὅ γε πάντοθεν ἶσος ⟨ἑοῖ⟩ καὶ πάμπαν ἀπείρων). Quando l'Odio, come una sorta di tragica *hamartìa* o *hybris*, turba quella perfezione, la Divinità va incontro ad una sorta di orfico, sacrificale smembramento: "Tutte, l'una dopo l'altra, fremevano le membra del dio" (πάντα γὰρ ἐξείης πελεμίζετο γυῖα θεοῖο): un'immagine che, nella visione cristiana, poteva rammentare quella paolina della Creazione che "geme nelle doglie del parto", scossa dalla sofferenza donde sorgerà la vita rinnovata.

[87] *Astronomica*, I, 199 sgg.: "Haec est naturae facies: sic mundus et ipse / in convexa volans teretis facit esse figuras / stellarum; solisque orbem lunaeque rotundum / aspicimus tumido quaerentis corpore lumen, / quod globus obliquos totus non accipit ignes. / Haec aeterna manet divusque simillima forma, / cui neque principium est usquam nec finis in ipsa, / sed similis toto ore sibi perque omnia par est. / Sic tellus glomerata manet mundumque figurat / imaque de cunctis mediam tenet undique sedem" ("Questa è la forma della natura: così lo stesso universo, / volando in cerchi, rende sferiche le configurazioni / degli astri; e vediamo circolare l'orbita del sole e della luna / che cerca la luce con il corpo rigonfio, / che, intero globo, non riceve gli obliqui raggi. / Questa forma permane eterna e del tutto simile agli dei, / che

Ma Chaldaicamente *haphar* è cingere: e quindi questo significato ha anco *haphar, sphaeros,* quasi *mussphar, cingere factus,* overo quasi *maspher, cingens, quod circumfusum ambitu suo undipque cingat et complectatur mundum.*

Né da ciò dissente la dottrina di Platone: dal quale questo spirito vien chiamato anima del mondo. Imperocché fa egli il mondo animato e animale razionale divino ed eterno: e dice nel *Timeo* che volendo Iddio fabbricare il mondo, creò prima l'anima del mondo, e le infuse la mente e l'intelletto: perché egli pone l'anima non con il corpo creata, ma prima del corpo, e più antica di quello; e dice che dopo l'anima, creata la corporal machina del mondo, Iddio le diede l'anima, collocandola nel mezzo del mondo, e da per tutto disseminandola, finché quella, pervenuta all'estremità del cielo, da per tutto altissimamente circonfusa, spirò d'ogni intorno: e allora subitamente cominciò il mondo a moversi con circolare rivoluzione[88].

Mediante questo o sia spirito o sia anima del mondo vogliono i Platonici che il mondo habbia l'intelletto, la ragione, il senso (che peculiarmente chiamano anima e spirito) e la generazione o virtù generativa.

All'intelletto riferiscono nel mondo superiore il lume che si dice splendore, alla ragione l'irradiazione, cioè l'immissione e

---

non ha in sé né principio né fine, / ma è simile a se stessa nell'aspetto, e ovunque eguale. / Così la terra permane sferica e foggia l'universo, / e nel profondo tiene da ogni lato la dimora centrale"). I versi di Manilio sintetizzano la cosmologia platonico-stoica che sorregge la suggestiva ipotesi etimologica. La convergenza e la circolarità di principio e fine, Alfa ed Omega, erano poi particolarmente care alla *philosophia perennis,* alla visione classico-cristiana, dell'autore.

[88] La traduzione, o meglio la sintetica parafrasi interpretativa (certo mediata dal latino di Cicerone e del Ficino, e forse anche di Calcidio) del testo platonico fornita dall'autore si segnala per la prosa mossa e vivida, dal lessico preciso e dalla sintassi fluida e animata.

dispensazione del lume che si dice splendore, al senso il moto delle sfere, e alla generazione la natura secondariamente intesa.

Nel mondo inferiore all'intelletto riferiscono il fuoco, che di lume è partecipe, alla ragione l'aria, che è illuminabile per l'irradiazione, al senso l'acqua, che è mobilissimo elemento, e alla virtù generativa la terra, che si dice madre delle cose.

Ed ecco come i Platonici fanno la natura effetto o virtù dell'anima del mondo e vogliono, che sia occupata intorno alla materia: e la diffiniscono virtù vitale e seminaria.

Dall'anima del mondo infusa e sparsa da per tutto nella materia del mondo. E così sempre intendono essi la natura nel secondo modo presa, cioè causativamente dall'anima del mondo. Aristotile considerando la natura, come principio del moto, la intese principalmente e secondariamente, cioè come motrice del cielo e come effetto del moto del cielo. Nel primo modo considerala come anima. (…)

Nell'unità è creato il chaos, per mostrare, che il mondo è unico: e che come l'unità è principio et materia del numero, così quello fu principio et materia del mondo et delle cose create: et che il mondo unico da Dio, che è uno et solo, fu creato: perché quello che è uno, da uno deve nascere.

Nell'uno è l'essere creato e visibile del mondo. Et dall'essere è detto *unus*, dall'Hebraico verbo *hanah*, per doppio *he, esse*; quasi *hoah, qui est, ens*[89]: onde per epenthesi del n *unus*: come di qui agli Hebrei, per aggiunta della medesima lettera, si forma *hon, substantia, ousìa*: et ha perciò *unus* la prima lettera, mutandosi il *vav cholem*, cioè longo nell'*u* longo, senza atten-

---

[89] La radice in questione è הָיָה, *hayah*, Essere (ma anche permanere, e così pure diventare e accadere: fusione, insomma, di perennità e divenire, com'è nella natura del Divino), dalle ovvie e complesse implicazioni ontologiche e metafisiche.

dere l'aspirazione dell'*he*, che passa in tenue spirito, come per lo più a' Siri et Chaldei nell'aleph.

Così a' Greci è *eis, unus*, dall'altro Hebraico verbo *haiah*, il medesimo che *hauah, esse* (perché cosa frequente è la scambievole mutatione delle due lettere *vav* e *iot*) quasi *haji, heji*.

Ed è *iachad* da *achaz, haerere, cohaerere, coniungi: quod de pluribus simul iunctis unum fiat: vel quod unitates coeant in numerum*, il quale *collectio est unitatum*. Ma come uno fu creato il mondo; così anco nell'unità, cioè uno solo fu da principio creato l'huomo, picciol mondo, e fatto *ad imaginem similitudinis Dei*. Onde anco all'huomo l'unità si riferisce. E quindi è, che si dice *echad*[90], *unus*, uno, per *unus homo, quidam, aliquis homo*.

---

[90] אֶחָד , *echad*, radice associata al numero uno, ma anche all'idea di primato, inizio e identità, e dunque a quella del Dio e dell'Essere unici ed originari. Anche se non citato (certo per ragioni di prudenza, dovendo il testo essere sottoposto al vaglio dell'Inquisizione, che peraltro, come illustrato nella premessa, negherà ad esso l'*imprimatur*), l'antecedente più nitido di questa identificazione dell'Uno con l'Essere divino ed assoluto attraverso il cui tramite (secondo una visione squisitamente rinascimentale) quel microcosmo, quel "picciol mondo" che è l'uomo entrano in contatto e in armonia con la vastità del macrocosmo pare essere il *De la causa, principio et uno* di Giordano Bruno: "È dunque l'universo uno, infinito, inmobile. Una, dico, è la possibilità assoluta, uno l'atto, una la forma o anima, una la materia o corpo, una la cosa, uno lo ente, uno il massimo ed ottimo; il quale non deve posser essere compreso; e però infinibile e interminabile, e per tanto infinito e interminato".

Dagli scritti
esoterici

Da *Aenigmatis cujusdam Bononiensis explicatio*[1]

[1] Il testo fornisce un'interpretazione dell'enigmatica iscrizione rinascimentale bolognese (certo racchiudente un senso esoterico, probabilmente di natura alchemica) il cui testo è il seguente: "D M / Aelia Laelia Crispis / Nec vir nec mulier nec androgyna / Nec puella nec iuvenis nec anus / Nec casta nec meretrix nec pudica / sed omnia / sublata neque fame neque ferro neque ueneno / Sed omnibus / Nec coelo nec aquis nec terris / Sed ubique iacet / Lucius Agatho Priscius / Nec maritus nec amator nec necessarius / Neque moerens neque gaudens neque flens / Hanc nec molem nec pyramidem nec sepulchrum / Sed omnia / Scit et nescit cui posuerit" ("D.M. / Aelia Laelia Crispis / né uomo, né donna, né androgino / né bambina, né giovane, né vecchia / né casta, né meretrice, né pudica / ma tutto questo insieme. / Uccisa né dalla fame, né dal ferro, né dal veleno, / ma da tutte queste cose insieme. / Né in cielo, né nell'acqua, né in terra, / ma ovunque giace, / Lucio Agatho Priscius / né marito, né amante, né parente, / né triste, né lieto, né piangente, / questa né mole, né piramide, né sepoltura, / ma tutto questo insieme / sa e non sa a chi è dedicato"). Questa la traduzione, più libera ma anche più acuta, che ne dava, in forma di sonetto, Giulio Cesare Malvasia: "ELIA LELIA CRISPI io mi chiamai. / Non fui mai uomo, donna o ermafrodito, / putta, giovane o vecchia, e non fui mai / casta, pudica o donna di partito. / Ma tutto io fui: non fu a toccarmi ardito / ferro, fame o velen, che pur provai. / Nel ciel, nell'acque e non è in terra il sito / del mio riposo, e ovunque io pur posai. / LUCIO AGATONE PRISCIO: non consorte, / non amante né erede, e che non poi / godé, si dolse o lagrimò sua sorte, / questa mole o piramide o qual vuoi / sepolcro eretto e non eretto in morte / sa e non sa chi pose. (E 'l saprem noi?)". Proprio l'interpretazione del Malvasia, affidata alla dissertazione *Aelia Laelia Crispis non nata resurgens*, del 1683 (che interpretava la celebre iscrizione come allegoria di un aborto, ossia come unità degli opposti, ambiguità di Vita e Morte, mentre Arduino vi scorgerà, con sensibilità già quasi preromantica, una rappresentazione della Notte quale sposalizio di Luce e Tenebre, fra dissolvimento e reminiscenza, ricerca del Vero e fascinazione dell'indefinito), costituisce un significativo antecedente di quella del nostro autore. Seguendo Quintiliano, Suzzi definisce l'enigma come "obscurior allegoria", un "vitium", un difetto dell'espressione o malattia del linguaggio di cui i poeti si sono però spesso proficuamente serviti. Alla definizione quintilianea, Suzzi avvicina un passo di Agostino (*De Trinitate*, XV, 15-16) in cui il concetto retorico di enigma è accostato ad una celebre espressione di San Paolo ("Videmus nunc per

Scimus huiusce inscriptionis mutiplices factas ab eruditis ingeniis Bononiensibus interpretationes. Nos istam, quae sequitur, facimus explicationem.

Hoc aenigma innuit Noctem et Solem. Nox significatur nominibus AELIA LELIA CHRISPIS: Sol vero nominibus LUCIUS AGATHO PRISCUS, quae nomina sunt ex Hebraica sie Chaldaica lingua.

Nam Hebraice Lajil est nox, quae Chadaice dicitur Lel, et cum emphasi lela, et cum jod epenthetico lelia.

Inde fluxit apud Latinos proprium nomen Lelius, quasi dicatur nocturnus: quod aliqui, converso e natura longo in ae diphthongum, scribunt Laelius.

Cognomen Chrispis interpretatur Solem dissipans, vel Solem deficere faciens, tamquam compositum ex cheres, Sol, et mappits, dissipans, vel mephis, deficere faciens, dempta prima syllaba velut incremento.

Praenomen Aelia vox est quadrisyllaba, quae, habetur in Graeca lingua, aelìa, idest non pacifica, irrequieta.

Sed hic est vox Chaldaica exprimens Graecum noctis epithetum skotìmona, scotomaena, dictum a tenebrarum insania: skotos enim tenebras, mainomai insanio denotat: quod in ea insanient, furant, agitenturque, iuxta Etymologicum: sive quod

---

speculum in aenigmate"): per penetrare, o almeno cercare di diradare un poco, i misteri profondissimi delle cose divine, si deve procedere esattamente come chi si accinga ad investigare un enigma il cui senso autentico potrà essere rivelato appieno, distesamente, apertamente, "facie ad faciem", solo al di là della dimensione terrena, oltre la contingenza e oltre il tempo. Del resto il linguaggio stesso, agli occhi di Suzzi, è perpetuo enigma, superficie da oltrepassare, velo da sollevare: a maggior ragione il Nome divino, esso stesso di per sé, in quanto nome, oggetto di venerazione, esso stesso divinità, in cui significante e significato coincidono, e in cui nel contempo il significante nasconde, e insieme suggerisce, una stratificazione insondabile, e potenzialmente inesauribile, di sensi ulteriori.

homines tenebris tamquam insanos reddat, qui nihil in ipsa honesti operari valeant; unde et requiei ac sommo capiendo destinata est.

Nam Aelia significat insanire faciens ex Hebraico verbo halal per he, insanire, in aphel, ahel, insanire facere, item lucere vel splendere facere.

Atqui Graecanica vox Aelia originem ducit ex alio Hebraico verbo halal per hajin, facere, operari, agitare se, laborare, similiter in aphel, ahel, operari, laborare facere, agitare, item ludificare.

Nomen Agathio videtur ex Graeco ahathos, agathos, idest bonus: est enim bonum oculis nostris videre Solem: unde mane salutantes dicimus, Bona dies. Sed est Agathio vox composita ex Hebraico vel Chaldaico sermone, et dicta quasi machet jom, descendere faciens vel deducens diem, per usitatas aphaeresim et apocopam litterae mem: quod solis proprium sit adducere diem in terras.

Convenit tamen et verbum naghasch, accedere, succedere, mutato Chaldaice schin in tau, nagath; unde Agathio quasi maggeth, et commutato puncto daghes in repha, maghet jom, succedere faciens diem.

Cognomen Priscus dictum est quasi perisch, explicatus, facta quiescentia schevae, ab Hebraico verbo parasch, explicare: nam sol deducit diem displicatis radiis suis super terram. (...)

Fingitur hoc anigmate Nox defuncta, et a Sole tumulata.

NEC VIR, NEC MULIER, NEC ANDROGYNUS,
NEC PUELLA, NEC IUVENIS, NEC ANUS,
NEC MERETRIX, NEC PUDICA,
SED OMNIA

Nox non habet sexum, nec aetatem, nec morum conditionem. Verumtamen est vir, quia illius nomen Hebraicum lajil est generis masculini. Sed est mulier, quoniam eius nomen Graecum est, nyx, et Latinum nox, est generis feminini. At vero etiam Androgynus est, quia praemissum nomen Hebraicum plurali numero lailoth est feminei generis. Androgynus vox Graeca est, et composita ex nominibus anér, vir, et ghyné, mulier: unde significat virum mulierem, idest hominem habentem utrumque sexum, virilem scilicet et muliebrem. (...)

*NEC CAELO, NEC AQUIS, NEC TERRIS,
SED UBIQUE IACET*

Nox, quatenus est incorporea, nullum habet locum, in quo iaceat. Est enim iaceo verbum categoriae seu praedicamenti situs, proprie signficans situm esse corpore depresso ac prostrato, factum a verbo Hebraico jakah, per he, congregari, subdi, subici.

Nox vero qualitas est aeris sole privati, nempe obscuritas, vel nigrities quaedam, unde nyx melaina, idest nox nigra Homero, nox atra Vergilio.

Quae tamen quoniam apparet in caelo, idest in hoc aere, et in aquis, idest in mari, et in terris, propterea ubique iacere, idest esse, dicitur.

*LUCIUS AGATHO PRISCUS
NEC MARITUS, NEC AMATOR,
NEC NECESSARIUS.
NEC MOERENS, NEC GAUDENS,
NEQUE FLENS,
HANC NEC MOLEM, NEC PYRAMIDEM,
NEC SEPULCHRUM,
SED OMNIA*

SCIT ET NESCIT CUI POSUERIT.

Sol, inter quem et nulla intercedit coniunctio, nulla amicitia, nulla necessitas, vel cognatio; quique noctis interitum non maeret, nec gaudet, nec flet; cognoscit hanc terram, quae ipsi defunctae nocti nec moles est, nec Pyramis, nec sepulchrum, sed est illi instar horum omnium.

Moles est ingens aedificium corpori sepulto superstructum, ut Romae Moles Adriana.

Habetque vox haec originem suam ex Hebraico verbo halah, ascendere, in hiphil, et est dicta quasi maholah, ascendere facta, contractis brevibus punctis vocalibus in o longum.

Utitur ea Vergilius libro Aeneidos primo, inquiens: Molemque et montes insuper altos imposuit, idest molem montium altorum. Pyramides vero in Aegypto erant sepulchra Regum.

Cui vocabulo quidam assignant etymologiam apo tou pyros, idest ab igne: quod Pyramides e lato in acutum assurgerent in similitudinem flammae.

Sed huius appellationis origo est composita ex Hebraica lingua, et dicta quasi peri ham, idest fructus populi, hoc est opera sive opus populi: quod Aegyptii reges excogitaverint Pyramidum aedificia, ut in eis construendis occuparetur plebis multitudo otiosa.

Porro terra videtur sepulchrum esse noctis decedentis: quae nihil aliud est, quam terrae umbra diffusa super hemisphaerium nostrum, sole existente sub terris.

Quo ascendente, nocturna umbra hic extinguitur, et recedit ad inferius hemisphaerium: ubi sepulta videtur sub mole terrae; quae si aspiceretur e caelo solis, praeferret nobis speciem acutae cuiusdam Pyramidis. Haec omnia scit sol, et cognoscit. (...)

HOC EST SEPULCHRUM, INTUS
CADAVER NON HABENS.
HOC EST CADAVER, SEPULCHRUM
EXTRA NON HABENS.
SED CADAVER IDEM EST, ET
SEPULCHRUM SIBI.

Hoc mundi medium, hoc punctum, haec terra est sepulchrum noctis decedentis: sed intus non habet noctis cadaver; quoniam nocturna umbra apparet in extrema terrae superficie, et fit in aere terram ambiente.

Quapropter nec ipsum cadaver habet extra sepulchrum; cum fit terra amplexa ab umbra noctis, nec terra umbram intra se complectatur.

Est igitur terra eadem et sepulchrum, et cadaver, quod hoc ex ipsa, et per ipsam fiat.

Nam intuitu ipsius telluris, cuius umbra nox est, dictum est cadaver idem esse et sepulchrum sibi: quandoquidem orbis terrarum pars superior solem habens videtur esse tamquam sepulchrum partis inferioris sole carentis et umbrosae.

Umbra vero est accidens corporis opaci et lumini obiecti, transiens cum lumine, vel cum ipso corpore in partem semper adversam lumini.

Unde a transeundo Latine umbra dicta est ex Hebraico verbo habar, transire, in puhal, hubbar, et mutato daghes in mem sequente beth, humbar, transire fieri, transferri. (...)

Sappiamo che di questa iscrizione sono state tentate da eruditi ingegni bolognesi molteplici interpretazioni[2]. Noi proponiamo la spiegazione che segue.

---

[2] Fra le varie interpretazioni, di eruditi bolognesi e non, andranno ricordate, accanto a quella più nota, dovuta al Malvasia (*Aelia Laelia Crispis non nata resurgens*, typis Dominici Barberii, Bononiae 1683), almeno quelle di Mi-

Questo enigma accenna alla Notte e al Sole. La Notte è indicata con i nomi Aelia Laelia Crispis: il Sole, invece, con i nomi Lucio Agato Prisco, i quali derivano dalla lingua Ebraica ossia Caldaica.

Infatti in Ebraico Lajil è la notte, che in Caldaico si dice Lel, e con enfasi lela, e con lo jod epentetico lelia. Da qui derivò presso i Latini il nome proprio Lelio, come se si dicesse "notturno": che alcuni, mutata la e, lunga per natura, nel dittongo ae, scrivono Laelius[3].

Il cognome Chrispis è interpretato come "che dissipa il Sole", o "che fa svanire il Sole", come composto da cheres, Sole, e

---

chelangelo Mari (*Expositio super illud antiquissimum aenigma Elia Laelia Crispis*, Venetiis 1548), che nel testo vedeva un'allusione all'acqua piovana e, insieme, simbologie catartiche, battesimali, lustrali; di Richard White (*Aelia Laelia Crispis. Epitaphium antiquum quod in agro Bononiensi adhuc videtur*, apud Laurentium Pasquatum, Patavii 1568), che dava del misterioso Androgino una triplice, possibile identificazione, fra immaginario mitologico e concettualizzazione filosofica (Niobe, l'anima razionale, l'idea platonica); di Nicholas Barnaud (*Commentariolum in aenigmaticum quoddam epitaphium Bononiae marmoreo lapidi insculptum*, Bataborum ex Officina Plantiniana, Lugduni 1597), che nel testo vedeva una rappresentazione del processo di trasformazione alchemica, con le sue varie implicazioni materiali e spirituali; di Francesco Mastri (*Monumenti Aelia Laelia Crispis historica explicatio fragmentum antiquum repertum*, typis Hieronymi Albriccii, Venetiis 1702), che sottolineava la natura androgina, ermafroditica, ma più femminile che maschile, di Aelia Laelia Crispis, archetipo della donna dolente per le infedeltà del compagno.

[3] L'autore fa riferimento a לַיְלָה, Lailah, l'"Angelo chiamato Notte" della mistica ebraica. All'interpretazione di Arduino, che nella Notte vede una forza vitale e motrice, una potenza fecondatrice in quanto madre del giorno, ma anche un'ipostasi sottilmente inquietante (la radice è infatti connessa anche con לילית, Lilith, demone femminile, anzi Madre dei Demoni), sembrano sottesi, in particolare, alcuni passi del *Talmud* (*Sanhedrin* 96, *Niddah* 16b). La linguistica moderna collega invece il nome Laelius alla stessa radice (*seh₂u-el) del greco Helios, e del latino Sol (ricondotti peraltro da Giovanni Semerano, nelle sue monumentali *Origini della cultura europea*, alla radice semitica *elu*, che vale "splendente" ma anche "alto, lontano").

mappits, "che dissipa", o mephis, "che fa venir meno", elisa la prima sillaba, ossia l'incremento.

Il prenome Aelia è voce quadrisillaba, che nella lingua Greca si ha come *aelìa*, ossia non pacifica, inquieta.

Ma esso è voce caldaica che esprime l'epiteto greco della notte, *skoteiné*, detto dalla follia delle tenebre: infatti *skotos* indica le tenebre, *màinomai* l'impazzire: poiché in essa impazziscono, furoreggiano, si agitano, secondo l'etimo: ossia perché rende, nelle tenebre, quasi folli gli uomini, che in essa non riescono a compiere nulla di onesto; onde fu destinata al cogliere quiete e sonno.

Infatti Aelia significa "che fa impazzire", dal verbo ebraico halal per he, impazzire, in aphel ahel, "far impazzire", e inoltre "far brillare, far splendere"[4].

E la voce greca Aelia trae origine da un altro verbo Ebraico, halal, per hajin, fare, operare, agitarsi, faticare, similmente, in aphel, ahel, operare, far faticare, agitare, e così pure deridere.

Il nome Agathio sembra dal greco agathòs, cioè buono: è infatti buono per i nostri occhi vedere il Sole: onde salutando la matina diciamo buongiorno.

Ma Agathio è voce composta dalla lingua ebraica o caldaica, e detta quasi *machet jom*, "che fa scendere" o "che conduce il giorno", attraverso le consuete aferesi ed apocope della lettera mem: poiché è proprio del sole portare il giorno sulla terra.

Consuona tuttavia anche il verbo *naghasch*, avvicinare, salire, mutato, secondo l'uso caldaico, lo *schin* in *tau, nagath*; onde Agathio quasi *maggeth*, e, mutato il punto daghes in repha, *maghet jom*, "che fa salire il giorno".

---

[4] La radice halal (הָלַל) ha in effetti, in ebraico, una gamma di significati che spazia dallo splendere all'elogiare e lodare, fino all'impazzire (per slittamento semantico, essere condotti alla follia, alla *hybris*, all'accecamento della ragione, come nell'universo tragico greco, dall'eccesso di confidenza, di arroganza e di vanagloria).

Il cognome Prisco è stato detto quasi perisch, dispiegato, silenziato lo scheva, dal verbo ebraico parasch, dispiegare: infatti il sole fa levare il giorno, dispiegati i suoi raggi sulla terra. (…)

Si rappresenta con questo enigma la Notte defunta, e tumulata dal Sole[5].

NÉ UOMO, NÉ DONNA, NÉ ANDROGINO,
NÉ FANCIULLA, NÉ GIOVANE, NÉ VECCHIA,
NÉ MERETRICE, NÉ PUDICA,
MA TUTTE LE COSE INSIEME

La Notte non ha sesso, né età, né condizione di costumi. Nondimeno è uomo, poiché il suo nome ebraico *lajil* è di genere maschile.

Ma è donna, poiché il suo nome greco *nyx*, e latino *nox*, è di genere femminile. Ma invero è anche androgino, poiché il detto nome ebraico, al plurale *lailoth*, è di genere femminile.

---

[5] Non si esagera, forse, se si dice che, in queste poche, densissime ed esse stesse allusive ed enigmatiche pagine (dove l'immagine della Notte fonde in sé gli archetipi della Grande Madre e della ciclica sequenza Morte-Rinascita), l'eco della dottrina dell'unità degli opposti nella sua formulazione prima e più limpida, quella eraclitea ("L'uomo nella notte accende a se stesso una luce quando la sua vista è spenta; perciò da vivo è a contatto con il morto, da sveglio è a contatto con il dormiente"; "Il dio è giorno notte, inverno estate, guerra pace, sazietà fame, e muta come il fuoco, quando si mescola ai profumi e prende nome dall'aroma di ognuno di essi"), si associa, ormai alle soglie del Settecento preromantico, alla grande suggestione che il vasto grembo della Notte, spazio di vastità, mistero, sparsi e numinosi bagliori, eserciterà sui grandi spiriti della modernità ("Dalla Luce mi distolgo e mi volgo / verso la sacra, ineffabile / misteriosa notte. / Lontano giace il mondo / perso in un abisso profondo / la sua dimora squallida e deserta. / Malinconia profonda fa vibrare / le corde del mio petto. / Voglio precipitare in gocce di rugiada / e mescolarmi con la cenere", canterà Novalis nel primo degli *Inni alla Notte*).

89

Androgino è voce greca, e composta dai nomi *anér*, *vir*, e *ghyné*, donna: onde significa uomo muliebre, cioè uomo che ha entrambi i sessi, ossia maschile e femminile[6]. (…)

NÉ IN CIELO, NÉ NELLE ACQUE, NÉ IN TERRA, MA OVUNQUE GIACE

La Notte, in quanto è incorporea, non ha nessun luogo in cui giacere. Infatti giacere è un verbo della categoria e del predicato del luogo, significante propriamente l'essere stato deposto dopo che il corpo è stato depresso e prostrato, formato dal verbo ebraico *jakah*, per *he*, *congregari*, *subdi*, *subici*.

Ma la Notte è qualità dell'aria privata del Sole, ossia l'oscurità, o una sorta di nerezza, onde *nyx melaina*, cioè notte nera per Omero, *nox atra* per Virgilio.

Che tuttavia, poiché appare in cielo, cioè in quest'aria, e nelle acque, cioè nel mare, e nella terra, si dice inoltre giaccia, ovvero sia, ovunque.

LUCIO AGATO PRISCO
NÉ MARITO, NÉ AMANTE,
NÉ PARENTE.
NÉ DOLENTE, NÉ GIOIOSO,
NÉ PIANGENTE,
QUESTA NÉ MOLE, NÉ PIRAMIDE,
NÉ SEPOLCRO,
MA TUTTE LE COSE
SA E NON SA PER CHI ABBIA DEPOSTO.

---

[6] Ancora il concetto rinascimentale e bruniano della *coincidentia oppositorum*, espresso attraverso il richiamo all'immagine platonica dell'Androgino originario.

Il Sole, fra il quale e la notte non intercorre nessuna congiunzione, nessuna amicizia, nessuna necessità, o affinità; e che non lamenta la morte della Notte, né ne gioisce, né piange; conosce questa terra, che per la stessa Notte defunta non è né mole, né Piramide, né sepolcro, ma che per essa tiene il luogo di tutte queste cose.

La mole è un grande edificio costruito sul corpo sepolto, come a Roma la Mole Adriana.

E questa voce trae la propria origine dal verbo ebraico *halah*, ascendere, in *hiphil*, ed è detta nel senso di *manolah*, fatta ascendere, tramite la contrazione dei brevi punti vocalici in *o* lungo.

Virgilio la usa nel primo libro dell'*Eneide*, dicendo *Molemque et montes insuper altos imposuit*[7], cioè la mole degli alti monti.

Ma le Piramidi in Egitto erano i sepolcri dei re[8]. Al quale vocabolo alcuni assegnano l'etimologia *apò toù pyròs*, cioè dal fuoco: poiché le Piramidi sorgevano assottigliandosi verso l'alto a similitudine della fiamma.

Ma l'origine di questa denominazione è composta dalla lingua ebraica, e detta come *peri ham*, cioè frutto del popolo, ossia opera ovvero creazione del popolo: poiché i Re egizi idearono gli edifici delle

Piramidi affinché la plebe oziosa fosse impegnata nel costruirle.

Inoltre la terra sembra essere il sepolcro della Notte morente: la quale non è altro che l'ombra della Terra diffusa sul nostro

---

[7] *Eneide*, I, 61-62.

[8] Eco, forse, della celebre metafora oraziana (intrisa di una sinistra ambiguità) del *monumentum aere perennius*, del "monumento più duraturo del bronzo" (che è per di più "regali situ pyramidum altius", più alto della regale mole delle piramidi): dove *monumentum* può essere ricordo, testimonianza, celebrazione – ma anche sepolcro, dunque perenne sopravvivenza, ma anche definitiva morte.

emisfero, mentre il Sole appare nella parte inferiore della Terra.

E quando esso sorge, qui l'ombra notturna si estingue, e discende all'emisfero inferiore: dove sembra sepolta sotto la mole della Terra; che se fosse osservata dal cielo del Sole, ci mostrerebbe la forma di una sorta di acuminata Piramide. Tutte queste cose il Sole sa, e conosce. (…)

QUESTO È UN SEPOLCRO, CHE DENTRO DI SÉ NON
HA CADAVERE.
QUESTO È UN CADAVERE, CHE NON HA SEPOLCRO
INTORNO A SÉ.
MA È NEL CONTEMPO A SE STESSO
CADAVERE, E SEPOLCRO.

Questo centro del mondo, questo punto, questa terra è sepolcro della Notte che muore: ma dentro di sé non ha il cadavere della Notte; poiché l'ombra notturna appare nell'estrema superficie della Terra, e si forma nell'aria che avvolge la Terra.

Perciò né il cadavere stesso ha un sepolcro intorno a sé, dato che la Terra è abbracciata dall'ombra della Notte, né la Terra accoglie l'ombra dentro di sé. È dunque la Terra stessa sia sepolcro, sia cadavere; poiché questo si crea da essa, e per mezzo di essa[9].

---

[9] Questa compenetrazione circolare e ricorsiva di interno ed esterno, contenuto e contenente, trova riscontro anche in alcuni passaggi delle *Origini delle tre lingue*, e affonda forse le proprie radici nella straordinaria intuizione dantesca della "ipersfera", della "sfera quadridimensionale", che rappresenta il Divino racchiudente in sé le intelligenze angeliche e nel contempo da esse attorniato, cinto dalla loro fulgente corona: "Non altrimenti il trïunfo che lude / sempre dintorno al punto che mi vinse, / parendo inchiuso da quel ch'elli 'nchiude, / a poco a poco al mio veder si stinse: / per che tornar con li occhi a Bëatrice / nulla vedere e amor mi costrinse" (Paradiso, XXX, 10-15).

Infatti dall'osservazione della stessa Terra, la cui ombra è la Notte, è detto essere nel contempo cadavere e sepolcro a se stesso: poiché la parte superiore del globo terrestre, avendo il Sole, sembra essere per così dire sepolcro della parte inferiore, priva del Sole ed ombrosa.

Ma l'ombra è accidente del corpo opaco ed opposto alla luce, che transita con la luce, o con lo stesso corpo, nella parte sempre opposta alla luce.

Onde dal transitare, latinamente, l'ombra è detta dal verbo *habar*, passare, in *puhal, hubbar*, e mutato il *dagesh* nel *mem* che segue *beth*, *humbar*, essere fatto passare, essere trasferito.

Da *Notarum, atque mysteriorum Sacrae Patenae D. Petri Chrysologi expositio*[1]

[1] La breve dissertazione contiene un'elaborata interpretazione della Patena argentea di San Pier Grisologo, che il Santo avrebbe donato alla città secondo una tradizione risalente alle *Vitae Pontificum Ravennatum* dell'Agnello, e tuttora conservata presso il Duomo di Imola. Può essere utile riportare il passo del *Liber pontificalis* (XXII, 52) riferito all'episodio, in cui il dono dell'oggetto sacro e altamente simbolico, poco prima della morte, è accompagnato da un'accorata preghiera, segnata dal motivo neoplatonico della morte come ritorno all'Uno correlato alla visione cristiana della Divinità che, incarnandosi, mette in comunicazione terra e cielo, tempo ed eterno, aprendo una via o uno spiraglio fra l'una e l'altra dimensione. "Cognovit autem post haec hic beatissimus Petrus per spiritum finem vitae suae. Ivit ad Corneliensem ecclesiam, et ingressus infra basilicam beati Cassiani, obtulit munera, id est cratere aureo uno et patera argentea altera et diademata aurea magna preciosissimis gemmis ornata. Haec omnia a sancti Cassiani corpore imbuit positaque super aram illius ecclesiae. Et stans super cripidinem iuxta altare, expansis manibus benedixit cunctam plebem, sacerdotes et populos; oravit dicens: "Tu dedisti, domine Deus, animam in corpore isto; tu iterum misericors suscipe eam, quia tua sum criatura. Non occurrat mihi iniquissimus diabolus, sed angelus tuus sanctus suscipiat eam et collocare iubeas in sinibus patriarcharum, ubi lux permanet et gaudium immensum est. Et nunc, Domine, te confiteor labiis et corde; tu, qui cuncta patrasti ex nihilo, qui solus nosti prisca, praesentia et futura, da populo huic cor docibile, ut timeant te et agnoscant, qui tu es Deus in caelo sursum et in terra deorsum, qui per sanctum Filium tuum totius generis humani salutem recuperasti, in quem credimus Deum et dominum angelorum, qui es benedictus in secula seculorum". L'enigmatico e ancor oggi oscuro oggetto aveva già ispirato l'unica opera data alle stampe in vita da un grande erudito, Giovanni Pastrizio, *Patenae argentae mysticae descriptio et explicatio*, del 1706 (in cui nelle lettere, forse ebraiche, istoriate nella patena si scorge un richiamo a Maria *Virgo Mater Viventium*, mentre Arduino, nel prezioso e misterioso manufatto, vedeva piuttosto una rappresentazione di Cristo *Alpha et Omega* e *Via, Veritas et Vita*). L'interesse di Arduino per la Patena, come quello per il ben più noto enigma della Pietra di Bologna, può in pari tempo essere collegato alla tradizione delle "imprese", dall'Alciato al Giovio al Tasso al Bruno: figurazioni che uniscono testo ed immagine, parola e visione, configurando in tal modo un organismo semiotico analogo, nel principio, all'incarnazione del Verbo, all'immersione della sfera spirituale propria del pensiero e del con-

Notas, quae sunt in meditullio Sacrae Patenae Divi Petri Chrysologi (si licet coniecturis divinare) ita censemus interpretandas. Christo Alpha Omega Crucifixo Laudes, et Claritas, vel Clarificatio, idest Gloria, quae Graece Cleos dicitur, quaeque nihil aliud est, quam nominis claritas ipsis laudibus enitescens.

Jesus Christus apud Divum Joannem in Apocalypsi cap. 22, seipsum vocat Alpha, et Omega. Ego sum Alpha, et Omega, primus, et novissimus, principium, et finis.

Hinc docemur ex Divo Augustino Deum esse in seipso sicut Alpha, et Omega, idest initium, et finem. Sunt autem Alpha, et Omega nomina prima, et ultima litterae in Alphabeto Graeco.

Idem Salvator noster apud eundem Sanctum Ioannem in Evangelio cap. 12. Orans ad Patrem ait: Pater clarifica nomen tuum.

Qui paulo ante dixerat: Venit hora, ut clarificetur filius hominis. Ubi textus Graecus habet verbum doxazein formatum a nomine doxa, idem significante, quod kleos, idest Gloria, nominis splendor.

Igitur clarificare nomen, hoc est glorificare. Nam iuxta praefatum Sanctum Doctorem Augustinum in Evangelii Ioannis enarratione, sicut gloria, et claritas idem sunt, ita glorificare, et clarificare.

Unde ibidem hoc ipsum verbum Graecum translatum est etiam per verbum glorificare, All'ote edoxasthe o Iesus, sed quando glorificatus est Jesus.

Vox autem Claritas pro Gloria, idest pro eo, quod Graece dicitur doxa, ter profertur in eodem Evangelio cap. 17. Ubi etiam

---

cetto in quella concreta ed evidente dell'epifania sensibile. Scriveva Bruno negli *Eroici Furori*, Dialogo Quinto: "Vedi come portano l'insegne de gli suoi affetti o fortune. Lasciamo di considerar su gli lor nomi et abiti; basta che stiamo su la significazion de l'imprese et intelligenza de la scrittura, tanto quella che è messa per forma del corpo de la imagine, quanto l'altra ch'è messa per il più de le volte a dechiarazion de l'impresa".

quater ipsum Graecum doxazein redditum est per verbum cla-
rificare sensu glorificandi.

Profani quoque scriptores hac voce claritas, sub eadem si-
gnificatione nonnumquam usi sunt.

Plinius lib. 6. cap. 26. Babylon Chaldaicarum gentium caput
diu summam claritatem obtinuit in toto orbe, propter quam re-
liqua pars Mesopotamiae, Assyriae, Babilonia appellata est.

Cicero lib. 10. de Offic. Ad claritatem, amplitudinemque ap-
tior vita eorum, qui se ad rempublicam, et ad res magnas ge-
rendas commodaverunt.

Est autem haec inscriptio, Christo Crucifixo laudes, et clari-
tas, similis, illi versui, quem Sancta Ecclesia canit in Dominica
Palmarum.

Gloria, laus, et Honor sibi sit Rex Christe redemptor.

Duo illi nigri orbiculi inter primum, et secundum, cappa,
duorum verborum Alpha, et Omega per A., et Omega superne
ad latera Crucis signatorum locum indicant, item utrumque
globum solarem, et lunarem per mortem Christi Crucifixi ob-
suratum, item utrumque Mundi hemisphaerium obtenebratum,
item Christum principium, sine principio, et finem sine fine: fi-
gura namque sphaerica, et orbicularis caret principio, et fine:
qua propter sacrosanctae Hostiae Panis Eucharistici datur
eadem circularis figura.

Atque huic inscriptioni videtur attexenda, et altera inscriptio,
quae in secundo Patenae ambitu aparet magnis characteribus
exarata, et constans octo verbis, sed breviatis plurima cun obs-
curitate: quam ducimus sic interpretandam.

Et Mariae Virgini Matri Eiusdem Christi Redemptoris Nostri.

Ubi e medio primae litterae nominis Mariae, et e medio litte-
rae primae verbi Virgini surgit species floris cuiusdam, trinum
solium praeferentis, ut per hunc significetur nativitas Christi ex

Maria Virgine divinitus fecundata, qua, Esaias propheta praedixit inquiens cap. 11: Egredietur Virga de radice Jesse, et flos de radice eius ascendet.

Porro duae cruces hinc inde pendentes ex eadem littera V. in tertia cellula insculptae innuunt Beatam Virginem per acerbissimum cordis dolorem fuisse participem Passionis, et crucis Jesu Christi eius Filii: unde et ab Ecclesia invocatur Regina Martyrum. Latini a Cruce dolores vocant cruciatus. Duplex autem crux videtur significare duplicem cordis cruciatum, sed dolorem, quem Beata Virgo habuit de Filio suo, unum de tormentis, alterum de morte illius. (...)

Octavi demum ternarii loco additur triplex illud signaculum figuram habens litterae V, quod immediate sub Agno cernitur impressum, unum ad sinistram, alia duo ad dextram, alterum super alterum: quod putamus velle exprimere trinum hoc verbum, Via, Veritas, Vita, relatum ad Christum Crucifixum, Agnum Dei, qui tollit peccata mundi: quoniam ipse in Evangelio Divi Johannis cap. 14 de se dicit: Ego sum via, veritas, et vita. Nimirum cuius veritas est unica via ad vitam aeternam in Caelo vivorum terra.

Octies autem tria efficiunt quattuor, et viginti. Numerus vero quaternarius symbolica significatione Universi plenitudinem importat. Deus autem ipse de se ait apud Prophetam Jeremiam cap. 23.: Ego Caelum, et terram impleo.

Atqui numerus vigenarius symbolice denotat gratiam, beneficium, et largitionem: quae tria Divinae benignitatis, et amoris erga genus humanum mirifice relucent in hoc Divinissimo, ac saluberrimo Sacrificio, quod Christiana Religio nostra indigitat Missam vocabulo quidem Hebraico.

Quod autem Agnus cum Vitulino, sive Taurino rictu oris figuratus sit, non videtur casu factum esse, nec mysterio carere: quandoquidem Taurus, qui Hebraice Schor, Chaldaice conver-

so Schin in Tau, Tor dicitur, in Sacrificiis Legis Mosaicae Christum praefigurabat, ut D. Augustinus testatur scribens contra Faustum Manichaeum lib. 18, De quibus Sacrificiis loquitur Psalmus quinquagesimus vers. 20: Tunc acceptabis sacrificium iustitiae, oblationes, et holocausta: Tunc imponent super altare tuum vitulos.

Ubi textus Hebraicus habet pharim, idest juvencos: A qua Hebraica voce par, commutato pathach in omicron, est Graeca poris, ho moskos, idest vitulus.

Denique admonere volumus Lectorem, quod sicut Interpreti Sacrae scripturae necessaria est cognitio, et observatio significationum symbolicarum numerorum, quoniam Deus omnia disposuit in pondere, numero et mensura; ita quoque nobis in hac notarum, atque mysteriorum Sacrae Patenae Divi Petri Chrysologi expositione visa est opportuna, et conveniens eadem Symbolica observatio: qua in re admirandus extitit Divus Aurelius Augustinus in doctissimis operibus suis, quamque optime calluisse Divum Petrum Chrysologum uti virum eruditissimum aeque ac sanctissimum nemini dubium esse debet: qui ob eius caelestem facundiam, et doctrinam meruit ex aureo sermone Graeca lingua cognomen sibi impositum.

Cuius patria, quae fuit Forum Cornelii in Aemilia provincia, quia postea mutato nomine vocata est Imola, quod aliqui deducunt ab immolando, alii a mole nescio quadam, hic nobis liceat veram huius nominis originationem afferre comprehensam hoc Disticho:

Celsi Apennini iaceat quod montis ad imum,
Imola quae nunc est, Imula dicta fuit.

Riteniamo che i segni che si trovano nel centro della Sacra Patena di San Pier Grisologo (se è lecito indovinare per mezzo di congetture) debbano essere così interpretati.

A Cristo Alfa ed Omega[2] Crocifisso Lodi, e Chiarità, ossia Chiarificazione, cioè Gloria, che in greco si dice *Kleos*, e che non è altro che chiarità del nome risplendente per le stesse lodi[3].

Gesù Cristo, in San Giovanni, *Apocalisse*, cap. 22, chiama se stesso Alfa ed Omega, primo e ultimo, principio e fine. Donde apprendiamo da Sant'Agostino che Dio è in se stesso come l'Alfa e l'Omega, cioè principio e fine[4].

E Alfa ed Omega sono la prima e l'ultima lettera dell'alfabeto greco. Lo stesso nostro Salvatore, nello stesso San Giovanni, nel suo Vangelo, cap. 12, pregando rivolto al Padre dice: "Padre, glorifica il tuo nome". Lui che poco prima aveva detto: "È giunta l'ora che il figlio dell'uomo sia glorificato".

Dove il testo greco ha il verbo *doxazein*, formato dal nome *doxa*, che significa lo stesso che *Kleos*, cioè Gloria, splendore del nome. Dunque rendere chiaro il Nome, cioè glorificare.

Infatti nel citato Santo Dottore Agostino, nel commento al Vangelo di Giovanni, così come la gloria, e la chiarità sono la stessa cosa, così lo sono il glorificare e il rendere chiaro.

Onde lì questa stessa parola è stata tradotta anche con il verbo glorificare, *All'ote edoxasthe o Iesous*, ma quando Gesù è stato glorificato.

E la voce Chiarità per Gloria, per ciò che in greco si dice doxa, per tre volte è pronunciata nello stesso Vangelo, cap. 17.

---

[2] Anche qui, attraverso lo stesso richiamo all'*Apocalisse* con cui si aprono le *Origini Hebraiche*, l'Uno-Essere con cui si identifica il Divino è associato alla *coincidentia oppositorum*.

[3] Qui, come nelle pagine che seguono, la Gloria è, dantescamente, associata alla Luce (*divinus radius sive divina gloria*, secondo la definizione dell'*Epistola XIII* che trova riscontro nella "Gloria di Colui che tutto move" del celebre *incipit* del *Paradiso*).

[4] Concetto, questo del dio principio e fine, caro all'autore, come abbiamo già visto nelle *Origini*.

Dove anche per quattro volte lo stesso greco *doxazein* è stato reso tramite il verbo chiarificare nel senso di glorificare.

Anche gli scrittori profani a volte hanno usato questa voce *claritas* nello stesso senso. Plinio nel libro sesto, cap. 26: "Babilonia, capitale delle genti Caldaiche, a lungo ebbe somma chiarità in tutto il mondo, a causa della quale la parte restante della Mesopotamia, l'Assiria, fu chiamata Babilonia". Cicerone, nel libro decimo del *De officiis*: "Alla chiarità e all'importanza è più adatta la vita di quanti si volsero all'attività politica e al compimento di grandi imprese"[5]. (…)

Nel luogo dell'ottavo ternario si aggiunge quel triplice simbolo che la forma della lettera V, che si vede impresso immediatamente sotto l'Agnello, l'uno a sinistra, gli altri due a destra, uno sull'altro: che riteniamo voglia esprimere questo triplice verbo, Via, Verità, Vita, riferito a Cristo Crocifisso, Agnello di Dio che toglie i peccati del mondo: poiché egli stes-

---

[5] In realtà I, 70: "His idem propositum fuit quod regibus, ut ne qua re egerent, ne cui parerent, libertate uterentur, cuius proprium est sic vivere ut velis. Quare cum hoc commune sit potentiae cupidorum cum his, quos dixi, otiosis, alteri se adipisci id posse arbitrantur, si opes magnas habeant, alteri si contenti sint et suo et parvo. In quo neutrorum omnino contemnenda sententia est, sed et facilior et tutior et minus aliis gravis aut molesta vita est otiosorum, fructuosior autem hominum generi et ad claritatem amplitudinemque aptior eorum, qui se ad rem publicam et ad magnas res gerendas accomodaverunt" ("Costoro ebbero lo stesso intento dei re, ossia non avere bisogno di nulla, non obbedire a nessuno, godere di quella libertà di cui è proprio il poter vivere secondo il proprio talento. Ora, benché questo ideale sia comune agli ambiziosi, avidi di potenza, e agli spiriti pensosi, amanti della quiete, gli uni non credono di poterlo conseguire se non con l'aiuto di grandi ricchezze, gli altri invece col ritenersi soddisfatti della propria fortuna. E in ciò, invero, non si può dare torto né agli uni né agli altri; mentre, però, la vita degli uomini appartati e tranquilli è più facile e sicura, e meno gravosa o dannosa agli altri, più utile invece al genere umano, e più adatta a conferire splendore e grandezza, è la vita di coloro che si consacrano al governo dello Stato e al compimento di grandi imprese").

so nel Vangelo del Divino Giovanni, capitolo quattordicesimo, di se stesso dice: Io sono la via, la verità e la vita. La sua verità, infatti, è l'unica via alla vita eterna in Cielo nel mondo dei vivi.

Tre per otto fa ventiquattro. Infatti il numero quaternario, con significazione simbolica, rappresenta la plenitudine dell'Universo. E Dio di sé dice, nel profeta Geremia, capitolo ventitreesimo: Io riempio il cielo e la terra.

E il numero venti simbolicamente denota grazia, beneficio e largizione: i quali tre segni della Divina benevolenza, e dell'amore verso il genere umano, mirabilmente rilucono in questo divinissimo e saluberrimo sacrificio, che la nostra Religione Cristiana indica come Messa, con vocabolo Ebraico.

Che poi l'Agnello sia raffigurato con fauci di vitello o di toro non sembra essere stato fatto per caso, né che sia privo di mistero: poiché il Toro, che in ebraico è detto Schor, mutato lo Schin in Tau, secondo l'uso Caldaico, Tor, nei Sacrifici della Legge Mosaica prefigurava Cristo, come Sant'Agostino attesta scrivendo contro il Manicheo Fausto nel libro diciottesimo. Dei quali sacrifici parla il Salmo cinquantesimo, al versetto ventesimo: Allora accetterai il sacrificio della giustizia, le offerte, e gli olocausti: allora collocheranno i vitelli sul tuo altare[6].

---

[6] Questo il passo agostiniano in questione: "De sacrificiis autem animalium quis nostrum nesciat, magis ea perverso populo congruenter imposita, quam Deo desideranti oblata? Sed tamen etiam in his figurae nostrae fuerunt; quia nostra mundatio, et Dei propitiatio nobis sine sanguine nulla est. Sed illarum figurarum veritas Christus est, cuius sanguine redempti et mundati sumus. Nam in figuris eloquiorum divinorum, et taurus dictus est propter virtutem crucis, cuius cornibus impios ventilavit; et aries, propter innocentiae principatum; et hircus, propter similitudinem carnis peccati, ut de peccato damnaret peccatum: et si quod aliud sacrificii genus expressius commemoraveris, in eo quoque tibi Christum prophetatum esse monstrabo. Quocirca sive circumcisio, sive sabbatum, sive differentia ciborum, sive immolatio sacrificiorum, omnia haec figurae nostrae fuerunt et prophetiae: quas Christus non solvere, sed adimplere venit, cum ea quae his praenuntiabantur, implevit. Attende cui contradicas: cum Apostolo, ex Apostolo dico: Omnia

Dove il testo Ebraico ha *pharim*, cioè giovenchi: dalla quale voce Ebraica *par*, mutato il pathach in omicron, deriva la greca *poris*, *ho moskos*, cioè il vitello[7].

Infine vogliamo avvertire il Lettore che come all'interprete della Sacra Scrittura sono necessarie la cognizione e l'osservazione dei significati simbolici dei numeri, poiché Dio tutte le cose dispose in peso, numero e misura[8]; così anche a noi in questa esposizione dei segni e dei misteri della Sacra Pa-

---

haec figurae nostrae fuerunt" ("Riguardo ai sacrifici degli animali, chi di noi non sa che furono imposti conformemente alla perversità del popolo piuttosto che offerti ad un Dio che li desiderasse? Ma tuttavia anche in essi ci sono allusioni a noi: perché non possono esserci la nostra purificazione e la propiziazione di Dio per noi senza sangue. La verità di quelle figure è Cristo, dal cui sangue siamo stati redenti e purificati. Infatti nelle figure delle divine Scritture il toro rappresenta Cristo per il potere della croce, poiché con le sue corna disperse gli empi; l'ariete per il grado supremo di innocenza; e il capro per la sua somiglianza con la carne del peccato, affinché dal peccato condannasse il peccato. E se richiamerai alla memoria più precisamente qualche altro genere di sacrificio, ti mostrerò che anche in esso fu profetizzato Cristo. Di conseguenza sia la circoncisione, sia il sabato, sia la distinzione fra i cibi, sia i sacrifici immolati furono figure e profezie per noi; Cristo non venne ad abolirle ma a dare compimento, quando compì ciò che esse preannunciavano. Bada a chi contraddici: l'Apostolo, dal quale traggo queste parole: Ora ciò avvenne come esempio per noi").

[7] Qui l'autore coglie (quasi in anticipo sull'antropologia novecentesca) la sostanziale continuità simbolica fra sacrificio pagano e sacrificio ebraico-cristiano (basti pensare all'affinità fra l'iconografia classica del Moskòphoros e quella cristiana del Buon Pastore).

[8] *Sapienza*, 11, 21: "Sed et sine his uno spiritu poterant occidi, persecutionem passi ab ipsis factis suis, et dispersi per spiritum virtutis tuae: sed omnia in mensura, et numero et pondere disposuisti" ("Prevalere con la forza ti è sempre possibile; chi potrà opporsi al potere del tuo braccio? Tutto il mondo davanti a te, come polvere sulla bilancia, come una stilla di rugiada mattutina caduta sulla terra"). Qui l'orizzonte gnoseologico dell'autore è ancora medievale. L'ordine del cosmo è espressione e riflesso della mente di Dio. Uno stesso sguardo simbolico-allegorico viene proiettato sia sui testi da interpretare che sul mondo e sulla natura.

tena di San Pier Grisologo è parsa opportuna e conveniente la stessa osservazione simbolica: nella qual cosa fu ammirevole il Santo Aurelio Agostino nelle sue dottissime opere, e straordinariamente sapiente, in quanto uomo eruditissimo e santissimo, San Pier Grisologo[9], il che nessuno può mettere in dubbio: lui che per celeste eloquenza e dottrina meritò, per l'aureo eloquio, nella lingua greca, il cognome che gli fu attribuito.

La cui patria, che fu Forum Cornelii, nella provincia dell'Emilia, poiché in séguito, mutato il nome, fu chiamata Imola, che alcuni deducono dall'immolare, altri da non so quale mole, qui ci sia lecito riferire la vera origine di questo nome, compresa in questo distico:

---

[9] Già il Pastrizio, illustre predecessore del Suzzi nell'interpretazione del manufatto con la *Patenae argentae mysticae descriptio et explicatio*, edita a Roma nel 1706 (ampia disamina in cui, come osserva Tomislav Mrkonjić nella voce sul Pastrizio contenuta nel *Dizionario biografico degli italiani*, l'autore "spiega la figura dell'agnello e le diverse lettere ebraiche e greche in senso cristologico con i riferimenti alla mistica cristiana, greca ed ebraica, quindi all'archeologia, all'epigrafica e alla storia dell'arte in genere"), poneva i complessi e criptici simboli della patena in relazione con le opere di San Pier Grisologo: la circolarità, e il moto ricorsivo dal centro alla circonferenza, dal fiore ai petali della Rosa, come simboli e spiragli dell'eterno; il legame profondo fra umano e divino nella persona del Verbo incarnato; la "latens Deitas", la divinità celata sotto le spoglie umane; il chiudersi di Colui che è per eccellenza, fin dal principio, Voce e Parola in un mistico ed iniziatico silenzio; infine, la via dall'umano al divino, dal tempo all'eterno, mediata dal Sacrificio. "Et vere Deus est, qui vivit ex morte, resurgit ex vulnere" (*Sermo LXXXIV*). "Audistis quemadmodum Zacharias ille summi sacerdotii splendor dum exorat, obmutuit; tacuit pater vocis, Ego, inquit, vox clamantis in deserto; genitor clamoris obmutuit; et egressus silentium retulit, qui responsa relaturus intraverat. (…) Ille ubi sensit linguae suae vincula sui januam clausisse sermonis, imperavit nutu ne quis causas taciturnitatis inquireret, quia coeleste mysterium dicere non didicerat, qui didicerat scire (…) Deus qui loqui dat, tacere facit; et imperat silentium, qui inserit verbum; dominatur divinus sermo, non servit, quia Deus verbum" (*Sermo LXXXVI*).

Poiché giace all'imo dell'alto Appennino,
quella che ora è Imola, *Imula* fu detta[10].

---

[10] Ancor oggi controversa è l'origine del nome Imola, le cui prime attestazioni sono dovute a Paolo Diacono, *Historia Langobardorum*, II, 18 ("Haec locupletibus urbibus, Placentia scilicet et Parma, Regio et Bononia Cornelique foro, cuius castrum Imolas appellatur") e ad Andrea Agnello, *Liber pontificalis*, *Vita S. Petri Chrysologi*, la stessa fonte a cui dobbiamo la notizia relativa al dono della Patena alla città ("Natus est Corneliense territorio; nutritus et edoctus a Cornelio illius sedis antistite, et pro sui nutritoris amore Petrus iste beatus, quod dudum Imolas praedictum vocabatur territorium, ab illo iam tempore Corneliense nominavit. Sed aiunt alii ideo Corneliense, quod Cornelii forum fuisset"). Sebbene studi più recenti (in particolare Nazario Galassi, *Origine del nome Imola. Formazione di una città atipica*, University Press, Bologna 1999) scorgano nel nome della città l'eco e l'impronta di un toponimo longobardo, la grafia di queste prime attestazioni parrebbe dar ragione ad Arduino (la cui ipotesi era in concorrenza con le molte altre susseguitesi, fra le quali la più erudita, ardita e peregrina, quella, cioè, che lo ricondurrebbe ad un semitico, fenicio, *jmn ilah*, "il Dio popolerà, renderà feconde, queste terre", forse non sarebbe peraltro dispiaciuta al nostro autore). Arduino la cui ipotesi è, fra l'altro, corroborata dalle considerazioni di un'altra studiosa recente, Gina Fasoli (*Per la storia di Imola e del territorio imolese dall'alto Medio Evo all'età comunale*, in *Medioevo imolese*, Santerno Edizioni, Imola 1982): "È abbastanza ovvio che il primitivo insediamento si sia formato nel luogo dove la via Emilia doveva superare il Santerno, per ospitare gli addetti ai lavori, liberi o servi che fossero, ed è anche ovvio che questo insediamento fosse indicato in qualche modo dai funzionari romani che sovrintendevano alla costruzione della strada, agli insediamenti vecchi e nuovi che attraversava e poiché i terreni lungo le rive dei fiumi sono generalmente digradanti verso i fiumi stessi, e più bassi dei terreni più lontani, è verosimile che il primo agglomerato sulle rive del Santerno venisse indicato come (ad) imulas, cioè "alle basse"".

Immagine della Patena argentea di San Pier Grisologo custodita nel Duomo di Imola (dall'opera *Patenae argenteae mysticae D. Petri Chrysologi descriptio & explicatio* di Giovanni Pastrizio, Roma 1706).